edition suhrkamp 2513

»Ein bißchen Sisyphos, ein bißchen Sacher-Masoch« lautet die Selbstbeschreibung des bekanntesten ukrainischen Schriftstellers im Jahr 2007. Die »orange Revolution« liegt weit zurück, fast alle Hoffnungen sind begraben, »fangen wir wieder von vorn an« ... Bei den frühen, prägenden Lektüren, Hesse, Benn und Lina Kostenko, bei den Happenings von Bu-Ba-Bu. In Essays und Notaten aus den letzten Jahren setzt Andruchowytsch die literarischen und geopoetischen Erkundungen des *Letzten Territoriums* (2003; es 2446) fort, etwa mit dem Nachruf auf den Zug 76, der einst die Ostsee mit dem Schwarzen Meer verband. Provokant und seiner Gegenwart stets ein Stück voraus konfrontiert er uns mit der Frage, wo die Ukraine eigentlich liegt: im Schatten Rußlands oder in einer »Grauzone guter Nachbarschaft«, die Europa ihr gewährt.

Juri Andruchowytsch, geboren 1960 in Iwano-Frankiwsk. Zuletzt erschienen die Romane *Zwölf Ringe* (2005; st 3840) und *Moscoviada* 2006.

Foto: Isolde Ohlbaum

Juri Andruchowytsch
Engel und Dämonen der Peripherie

Essays

Aus dem Ukrainischen von
Sabine Stöhr

Suhrkamp

Die Originalausgabe erschien unter dem Titel
Dyjavol' chovajet'sja v syri 2006 im Verlag Krytyka in Kiew.
Der Autor hat für die deutsche Ausgabe
eine eigene Auswahl getroffen.

edition suhrkamp 2513
Erste Auflage 2007

Deutsche Erstausgabe

Satz: TypoForum GmbH, Seelbach
Druck: Druckhaus Nomos, Sinzheim
Umschlag gestaltet nach einem Konzept
von Willy Fleckhaus: Rolf Staudt
Printed in Germany
ISBN 978-3-518-12513-7

1 2 3 4 5 6 – 12 11 10 09 08 07

Statt eines Prologs

Brennende Fragen

Die Rückreise von Düsseldorf nach Berlin trat ich am Samstag vormittag an. Der Abflug verzögerte sich um ca. vierzig Minuten, weil das Flugzeug in Nizza aufgehalten worden war. Das erfuhr ich von dem Flughafenmitarbeiter, der mein Gepäck registrierte. Irgendwie paßte das schlecht zu meiner Vorstellung von Geographie. Wieso Nizza, welches Nizza, was hat Nizza hier zu suchen? Schließlich beschloß ich, daß mir die mysteriöse Flugroute egal sei, und begab mich gemächlich zum Gate B79, wie auf meiner Bordkarte ausgewiesen. Dort fand ich mich unter lauter Franzosen und stutzte erneut: Warum fliegen so viele Franzosen von Düsseldorf nach Berlin? Wären es Japaner, ich würde mich nicht weiter wundern, Japaner fliegen immer in großen Schwärmen. Aber Franzosen? Und warum nur Franzosen? Was zum Teufel haben so viele Franzosen in Berlin verloren? Und was zum Teufel haben sie bis jetzt in Düsseldorf gemacht?
Natürlich fand ich auf keine dieser brennenden Fragen eine Antwort. Hingegen gelang es mir, mich in mein Buch zu vertiefen – es war das *Hohe Schloß* von Stanisław Lem, die unglaublich packenden Erinnerungen des alten Meisters an seine Jugend im Lemberg der dreißiger Jahre. Ich ließ mich mitreißen. Als ich von meinem Buch aufsah, waren die Franzosen verschwunden. Sie hatten ein anderes Flugzeug erwartet – das nach Paris. In all dem lag also doch eine gewisse Logik, erkannte ich erleichtert. Aber trotzdem:

wann würde endlich das Berliner Flugzeug bereitgestellt, und warum war ich der einzige, der darauf wartete? Warum will außer mir niemand nach Berlin?
Auf der Toilette hörte ich plötzlich aus dem Lautsprecher meinen Namen, konnte den Zusammenhang aber nicht verstehen. Zum Glück wurde die Durchsage gleich darauf wiederholt: »Achtung, letzter Aufruf für die Passagiere Andruchowytsch und Muschynski, gebucht nach Berlin. Bitte begeben Sie sich unverzüglich zu Gate 71.« Ich stieß einen dreckigen Fluch aus und raste zu Gate 71, wo mich ein skeptisch dreinblickender Kerl arabischen Aussehens mit dem Wort »zu spät« empfing. Ich zeigte ihm auf der Bordkarte das fettgedruckte B79. »Aber wir haben hundertmal durchgesagt – B79 statt B71«, schnappte er. Und fragte, als er mich zum Flugzeug passieren ließ: »Wo ist Muschynski?« – »Soll ich sein Hüter sein?« antwortete ich mit einer Gegenfrage. Aber als Angehöriger der islamischen Kultur konnte er meine Anspielung nicht verstehen und brauchte es auch nicht.
Als ich eine gute Stunde später in Berlin Tegel auf mein Gepäck wartete, bemerkte ich ein Dutzend Polizisten, die am Ausgang bereitstanden. Von Zeit zu Zeit stoppten sie einen zufälligen Passagier aus meinem Flugzeug und kontrollierten Gepäck und Papiere. Ich wunderte mich über die Kontrollen auf innerdeutschen Flügen, die bisher nicht üblich gewesen waren, und bedauerte den Niedergang der Demokratie in diesem Land.
Ich nahm meine Tasche vom Band und ging schicksalsergeben durch die Reihen der Polizisten. Keiner hielt mich auf. Ich sehe alles andere als arabisch aus.
Am selben Abend erfuhr ich im Internet allerhand Neues

über brennende Autos im nächtlichen Paris. Alles deutete darauf hin, daß im Nachbarland ein Bürgerkrieg ausgebrochen war. Gut, daß ich nicht aus Versehen mit den Froschfressern nach Paris geflogen war. Zum ersten Mal in meinem Leben hatte ich Verständnis für die Präventivmaßnahmen der Polizei am Flughafen Tegel.

Tags darauf las ich auf einer russischen Internetseite einen Kommentar zu den Pariser Unruhen. Nicht ohne stille Schadenfreude konstatierte der Autor den endgültigen Zusammenbruch der »Multikulturalismus« genannten liberalen Konzeption. »Vor unseren Augen«, schrieb er, »bricht eine weitere große Illusion in sich zusammen.« Ich zeigte ihm meinen Mittelfinger. Natürlich, Freundchen, ihr in Moskau hättet diesen ganzen *Schwarzärschen* schon lange gezeigt, was Sache ist. Und dabei auch gleich ein paar Hundert eurer eigenen Leute abgestochen.

Am Montag verkündete mein geliebtes »Jazz-Radio« in seinen neuesten apokalyptischen Nachrichten, vergangene Nacht hätten Unbekannte in Moabit fünf Autos in Brand gesteckt. »Nach den Erkenntnissen der Polizei«, versicherte die Sprecherin, »besteht kein Zusammenhang mit den Unruhen in Paris und anderen französischen Städten.«

Ich zeigte dem fernen und unsichtbaren russischen Kolumnisten noch einmal meinen Mittelfinger. Hörst du? Kein Zusammenhang! Kapiert?

What language are you from?

Aus dem ungeschriebenen Buch »Europas Grenzen«

I

Manchmal glaube ich genau zu wissen, warum es Grenzen gibt.
Versetzen wir uns ganz weit weg von dem Ort, wo ich jetzt diese Zeilen schreibe – nicht so sehr räumlich als zeitlich. Stellen wir uns das Jahr 1980 vor, das Sowjetimperium in seiner (wie es ihm selbst damals schien) Blütezeit, und uns fünf Studenten, zwei Jungs und drei Mädchen. In jenem Sommer absolvierten wir unser studentisches Praktikum in Uschgorod, der westlichsten Stadt des Imperiums, die von Nordosten, das heißt von Moskau und Kiew aus, *hinter* den Karpaten liegt. Beide Hauptstädte waren in diesem Sommer verbotenes Territorium für uns, in Kürze würde die Olympiade beginnen, und Studenten waren wegen möglicher Kontakte mit Ausländern nicht erwünscht.
Deshalb kamen wir zum Praktikum nach Uschgorod, was ein origineller geographischer Scherz war: Um uns vor dem Westen zu schützen, schickte uns die heimische Staatsmacht in den westlichsten Zipfel, ganz in die Nähe der mitteleuropäischen Landschaften mit ihren Weinbergen, Rathaustürmen und Flüssen voll grünlichen Wassers. Uschgorod war eine Stadt *an der Grenze*, ähnelte aber gleichzeitig einer Stadt *hinter der Grenze*, einer ausländischen Stadt also, wo die ambivalente kulturelle Mischung Transkarpa-

tiens sich nicht nur erahnen ließ, sondern offen zutage trat. Der sowjetische Verputz konnte sie nicht verdecken.
In Uschgorod verkehrte der Autobus Nr. 5 (ich erinnere mich genau). Wenn wir Lust hatten zu träumen, dann fuhren wir vom Stadtzentrum bis zur Endstation. Endstation war »Staatsgrenze der UdSSR«. So etwas hatten wir noch nie erlebt: eine städtische Buslinie, die direkt an der Grenzlinie endet, am äußersten Rand des riesigen Imperiums – »eines Sechstels der Erdoberfläche«.
Wir stiegen aus dem Bus und folgten noch ein kleines Stück der Landstraße. Zu beiden Seiten war lichter Wald, nur hätte man ihn kaum durchqueren können. Zweifellos war er irgendwo dort, an unsichtbaren Orten seiner Verdichtung, umgepflügt und von Stacheldraht geteilt. Um uns herum zirpten die Grashüpfer, aber es war unmöglich festzustellen, auf wessen Seite sie zirpten. Genausowenig hätten wir sagen können, wessen Stechmücken an unseren verschwitzten Hemden klebten. Vor uns befanden sich der Schlagbaum und ein sowjetischer Grenzer, der vor diesem Schlagbaum auf und ab ging, von einer Seite der Landstraße zur anderen. Etwa zehn Meter von ihm entfernt blieben wir stehen. Manchmal sprachen wir ihn auch an, gaben ihm zwei oder drei Zigaretten. Wir wußten, daß er uns nichts tun würde, denn wir hatten ja gleich drei Mädchen dabei. Es war jedesmal ein anderer Soldat. Aber alle wollten sie den Mädchen gefallen.
Hinter dem Schlagbaum ging die Landstraße weiter, der Wald aber verwandelte sich dort in Felder, und dahinter konnte man erste Gebäude erkennen, Gärten und einen Turm, vielleicht ein Rathaus oder eine katholische Kirche. Auch wenn wir es kaum glauben konnten – das war die

Tschechoslowakei. Ein freies westeuropäisches Land. Wir beschirmten unsere Augen mit der Hand, schauten und stellten uns vor, eines Tages würden wir vielleicht sogar Prag erspähen.

Nein, wir waren keine Idioten oder Außerirdische, wir wußten sehr wohl, daß auch bei ihnen »entwickelter Sozialismus« herrschte, wir wußten Bescheid über die Panzer auf ihren Straßen im Jahr 1968 – und wir waren auf ihrer Seite, nicht auf der der Panzer. Aber die Nähe dieser unsichtbaren Linie, einer Trennlinie, die absolut nicht überschritten werden konnte (der Soldat hätte auf jeden Fall das Feuer eröffnet, so sehr er unseren Mädchen auch gefallen wollte), und die in der aufgeheizten, flimmernden Luft verwaschene und unklare Aussicht erzeugten einen besonderen Effekt der Erreichbarkeit des Unerreichbaren. Oder vielleicht umgekehrt – der Unerreichbarkeit des Erreichbaren?

Seitdem glaube ich zu wissen, warum es Grenzen gibt.

2

Die Chronik meiner Beziehung zu Grenz- und Zollbeamten verschiedener Länder umfaßt heute gut ein Dutzend Vorfälle. Und das, obwohl ich niemals versucht habe, die Grenze ohne Paß oder Visum zu überschreiten und auch keine unerlaubten Mengen Alkohol, Zigaretten oder sonstige »heiße Ware« im Gepäck hatte. Nur einmal, damals, ein paar verbotene Bücher. Das ist ja gerade das Besondere an ihren Spezialdiensten: Selbst wenn ich mich vollkommen gesetzestreu verhielt, ließen sie sich immer neue bürokratische Spitzfindigkeiten einfallen. Vor fünf Jahren stand ich kurz davor, ein Buch darüber zu schreiben – eine Anthologie meiner Grenzkomödien und -dramen, und es dem Vereinten Europa zu widmen, dem zukünftigen Europa ohne Grenzen.

In diesem Buch wäre zum Beispiel Platz für jenen an Schwejk erinnernden tschechischen Grenzbeamten gewesen, der mir, nachdem er meinen damals noch mit Hammer und Sichel bewehrten Paß kontrolliert hatte, (im Jahr 1996!) plötzlich die sowjetische Hymne anstimmte. Auch einige Polen, Slowaken, Russen und sogar Weißrussen fänden sich in dieser Sammlung; das Problem besteht nur darin, wie all das beschreiben. Deutsche wären wohl eher nicht dabei – sie haben sich immer außergewöhnlich korrekt verhalten, ungeachtet der Schäferhunde, die entsprechende historische Kommentare »unserer« Mitbürger provozierten. Was übrigens »unsere« Grenzer betrifft, so fragten sie mich eigentlich nur nach zweierlei: Ikonen und Drogen. Daraus schließe ich, daß mein Äußeres gerade in diesen beiden, schwer miteinander in Einklang zu bringenden Bereichen Verdacht erregt. Außerdem werde ich fast immer nach meinem Beruf gefragt, worauf ich vage »Journalist« antworte, denn es ist schwer, eine Antwort wie »ich arbeite als Schriftsteller« ernst zu nehmen. Einmal wollte eine Dame vom ukrainischen Zoll den Zweck meiner Reise nach Warschau erfahren. Ich antwortete wahrheitsgemäß, ich sei unterwegs zu einer Konferenz. »Und was ist das Thema dieser Konferenz?« ließ sie nicht locker. »Nostalgie«, antwortete ich. Die Dame überlegte einen Moment, dann forderte sie: »Gepäck zur Kontrolle!« Und durchwühlte meinen Koffer, wobei sie, wie es so schön heißt, das Unterste zuoberst kehrte. Vielleicht auf der Suche nach jener Nostalgie?

3

Am 4. Oktober 2003 konnte ich meiner Sammlung eine weitere Grenz-Episode hinzufügen. Aus München kommend landete ich mit einem winzigen Flugzeug, das mich an eine alte AN-2 erinnerte, wie sie in der Sowjetunion in der Landwirtschaft eingesetzt wurden, auf dem Flughafen der polnischen Stadt Wrocław. Dort wurde ich aufgehalten, weil ich Staatsbürger der Ukraine war. Ich weiß nicht, ob dies als Grund ausreicht, um so weniger, als ich in meinem Paß eines der erst vor drei Tagen eingeführten polnischen Visa hatte. Wie sich aber herausstellte, war der 1. Oktober 2003 nicht nur der Tag, an dem man die Visumpflicht einführte. Er wurde zum Tag, an dem für uns das rote Licht aufleuchtete. Nachdem man eine Viertelstunde lang meinen jetzt schon von einem Dreizack gezierten Paß studiert, durchgeblättert, durchleuchtet und abgeklopft hatte, bat man mich, aus der Schlange herauszutreten, um die legalen Passagiere nicht unnötig aufzuhalten. Ich fühlte mich wie ein endlich gefaßter international gesuchter Terrorist, stand abseits, knirschte mit den Zähnen und kratzte mit den Fingernägeln am frisch gestrichenen Eisernen Vorhang. Stellen Sie sich vor, man hätte Sie lange und nachdrücklich eingeladen, genauso lange hätten Sie abgewehrt, denn es paßte nicht in Ihre Pläne. Nachdem Sie nun endlich dem Bitten nachgegeben und aus reiner Höflichkeit die Einladung angenommen haben, steht ein Bediensteter auf der Schwelle und erklärt, daß Sie keinen Zutritt haben.
In Banditensprache heißt das »neppen«. Das trifft es wohl ganz gut.

Erst nachdem alle echten Europäer ins Paradies eingelassen worden waren, führten zwei höfliche polnische Grenzbeamte ein dienstliches Gespräch mit mir. Zweck meines Aufenthaltes war diesmal ein Festival mit dem damals noch ziemlich absurd klingenden Namen »Ukraina Viva!«. Dieser Name sollte unser unaufhaltsames Wachstum und unsere siegreiche Entwicklung unterstreichen. Im Gespräch mit jemandem, der – vermutlich eher unbewußt – dich und dein Land auf ewig unter den Outcasts dieser Welt sieht, ist so ein Name sehr schwer auszusprechen. Was für ein »Viva«, bitte schön?!

Ich war verärgert und sagte ihnen, dies werde mein letzter Besuch in Polen sein. So sieht also die Realität dieses ganzen diplomatischen Tamtams aus: »wider Europe«, »die EU und ihre neuen Nachbarn«, »Polen als Anwalt der Ukraine«? Wo es sich doch eher um das Gegenteil handelte: »Nach Europa zusammen mit Rußland!« Das bedeutet: Visa, Sperren, dreifache Kontrollen, Wachhunde, rotes Licht. Mir ging es dabei nicht um den Schriftsteller J. A., den sie am Ende sowieso hereinlassen und sich vielleicht sogar noch entschuldigen würden (so kam es dann auch). Nein, es ging mir um etwas anderes: Warum mußte vom 1. Oktober 2003 an ein Mensch mit ukrainischem Paß unbedingt verdächtigt und aufgehalten werden? Warum wurde das Visaregime eingeführt – um uns nicht hereinzulassen? Zornig formulierte ich in Gedanken die Sofortmaßnahmen einer adäquaten Reaktion. Unverzügliche Angliederung an Rußland. Unverzügliche Visumpflicht für Polen, die in die Ukraine reisen wollen. Unverzügliche Errichtung eines weiteren Eisernen Vorhangs – um dem ihren etwas entgegenzusetzen. Und unserer würde höher, stärker, unüberwindbar sein!

Etwas später, schon im Taxi, beruhigte ich mich ein bißchen. Das Panorama vor dem Fenster unterschied sich kaum von dem bei uns. Dieselben Trabantenstädte, Kioske, »wilden« Straßenmärkte mit Omas, die Petersilie, Karotten und allen möglichen Plunder verkauften. Wen wollten sie hier von wem trennen? Ist diese ganze »Osterweiterung« nicht eigentlich ein Witz? Wie kann das sein: Brüssel beschließt, daß man mich nicht mehr nach Hause läßt? Denn hier bin ich ja doch zu Hause – es ist nicht ihr, sondern mein Europa, unser Europa, ein anderes Europa. Gut, daß es existiert.

Nach einer Stunde verabschiedete ich mich endgültig von der Idee der sofortigen Angliederung an Rußland. Ein Literaturwissenschaftler würde es Katharsis nennen.

2005

Phantasie über das Thema Transparenz

Gerade die engagiertesten Zukunftsprojekte sind dazu verurteilt, sich auf die Vergangenheit zu stützen. Und da ich kein Historiker bin, siedle ich diese *Vergangenheit* am liebsten in einer ganz persönlichen Dimension an: der eigenen Kindheit. Im Grunde sollte jeder Text, der aufrichtig gemeint ist, mit ihr beginnen.
Meine Kindheit habe ich nicht weit vom Bahnhof der westukrainischen Stadt Iwano-Frankiwsk verbracht, die kurz zuvor noch Stanislau hieß. Die topographische Nähe zu Eisenbahnschienen weckte in mir unvermeidlich die Liebe zu Zügen. An unserer Station hielten nicht allzuviele, sieben oder acht am Tag, doch einer davon war ein *internationaler.* Von ihm wußte man auch, daß er *schnell* war und zwischen den Meeren verkehrte. Wirklich, in seinen besten Zeiten hat er das polnische Gdańsk mit dem bulgarischen Varna verbunden. Bei uns hieß er »der Warschauer«, denn manchmal stand auf den Wagentafeln »Warschau–Sofia«, manchmal »Warschau–Bukarest« oder auch »Warschau–Constanţa«. Auf seiner Fahrt nach Süden traf er zwischen neun und zehn Uhr abends bei uns ein und fuhr nach einem Aufenthalt von etwa einer Viertelstunde weiter in Richtung Czernowitz und rumänische Grenze.
Außerdem wußte man, daß meistens auch Polen im Zug saßen. Es waren *Transit*-Polen, denen das Aussteigen nicht erlaubt war, also betrachteten sie uns durch die Waggonscheiben. Ich glaube, es hing damit zusammen, daß die Stadt

Iwano-Frankiwsk aus eminent strategischen Gründen für Ausländer total gesperrt war, sogar für *unsere*, die sozialistischen. Sie betrachteten uns, und wir betrachteten sie, und heute kann ich nicht mehr sagen, wer es besser hatte, wahrscheinlich doch sie, denn zumindest fuhren sie ja irgendwohin. Ich denke, daß die meisten nicht nur von der gewöhnlichen Neugier des Reisenden ans Fenster gelockt wurden. Auf die eine oder andere Weise mußten sie alle irgendwie mit dem Land verbunden sein, durch das sie jetzt fuhren. Ihre Familiengeschichten (die Lehrpläne für den Geschichtsunterricht kenne ich nicht) besagten, daß dieses Land einmal ihnen gehört hatte, ihre Blicke suchten also nach Spuren.

Zur Zeit meiner Kindheit gab es noch zahlreiche polnische Spuren in der Stadt. So verkauften die Kioske immer auch polnische (nicht nur Partei-) Presse, Zeitungen für Frauen, Kinder, Sport, alles mögliche, darunter auch *Przekrój* und *Szpilki* (die meiner Meinung nach von der Sowjetmacht unterschätzt wurden: unsere Eltern, die man seinerzeit gezwungen hatte, den wissenschaftlichen Kommunismus zu studieren, brüllten vor Lachen über eine Karikatur, die zwei in verschiedene Richtungen gewandte Hälften eines Arsches mit der Unterschrift »Konflikt nieantagonistyczny« zeigte).

Allein der Umstand, daß polnische Presse vorhanden war, bedeutete, daß es Käufer dafür gab. Ich gehe von der Existenz einer zahlenmäßig nicht unbedeutenden polnischen oder polnisch lesenden Minderheit in der damaligen Stadt aus, zumeist alte Leute, von denen die letzten in den frühen achtziger Jahren gestorben sein müssen, denn danach gab es, wenn ich mich recht erinnere, keine polnischen Zeitungen mehr in unseren Kiosken. Oder war vielleicht die »Solidarność« der Grund?

Jedenfalls änderte sich etwas, wie das weitere Schicksal des »Warschauer Zuges« illustriert. Im Lauf der Jahre wurde er immer kürzer – nicht etwa, daß es weniger Waggons geworden wären, sondern in dem Sinne, daß er nicht mehr von Meer zu Meer fuhr. Vielleicht zerfiel er auch nur in verschiedene *innere* Züge. Jedem Land ein eigener Zug, so meine ich das. Und wir hatten es nur noch mit seinem sowjetukrainischen Stummel zu tun. Nach Polen fuhr er nicht mehr wegen des Kriegsrechts, und nach Rumänien nicht wegen Ceauşescu. In meiner Studentenzeit nahm ich ihn oft (wie gesagt, er war schnell), allerdings nur zwischen Lemberg und Frankiwsk. Wahrscheinlich fuhr er sowieso nicht weiter nach Westen als bis Lemberg. Es war, als verliefe der wirkliche Eiserne Vorhang an der Westgrenze der UdSSR. Was absurd klingt, denn im Westen grenzte die UdSSR nicht an aggressive *Imperialisten*, bis an die Zähne bewaffnete *Militaristen* oder rachedurstige *Revanchisten*, sondern nur an *sozialistische Bruderstaaten*. Nachdem aber auch dort manchmal gewisse Dinge passierten, erschienen die Brüder in den Augen der Sowjetmacht gefährlicher als die verfluchten Feinde …

* * *

Die Westgrenze der unabhängigen Ukraine ist identisch mit dem ukrainischen Teil der Westgrenze der UdSSR – nicht das Schlechteste, finde ich. Es sind vier Länder, an die wir im Westen grenzen: Polen, die Slowakei, Ungarn und Rumänien. Und man muß nicht Milan Kundera sein, um einen gemeinsamen kulturell-historisch-geographischen

Vektor dieser Länder zu finden, es genügt, sich die Architektur der Bahnhöfe anzusehen. Westlich der ukrainischen Grenze liegt Ostmitteleuropa, das in Folge einer gerissen gespielten Schachpartie mit einigen gewagten Kombinationen in Kürze einfach nur Europa sein wird, wenigstens dem Namen nach. Was nichts anderes bedeutet als die Gefahr, verschluckt zu werden. Okay, wem »Gefahr, verschluckt zu werden« zu dramatisch und paranoid klingt, der kann es auch positiv beschreiben: die Möglichkeit, sich zu assimilieren. Die Sowjetideologie nannte solche Prozesse auch »*Verwischen der Unterschiede*«.

Aber Ostmitteleuropa muß irgendwo auf der Welt weiterexistieren, denn ohne Ostmitteleuropa kann man auf dieser Welt nicht leben. Vielleicht also migriert (driftet?) es in die Ukraine, zumindest in ihren westlichen Teil?

Nach den rauschhaften politischen Veränderungen Ende der achtziger, Anfang der neunziger Jahre erschien die nahe Zukunft so vielversprechend, daß man auch solche Wunder wie die komplette Wiederaufnahme des »Warschauer Zuges« erwarten konnte. Mehr noch, eine Wiederaufnahme auf einer anderen zivilisatorischen Grundlage: völlige Reisefreiheit und intensive, dynamische Kontakte. Und was dabei besonders attraktiv schien – die Möglichkeit für Polen und die Ukraine, harmonisch im Duett zu spielen. Doch die Ukraine erwies sich als zu groß, zu widersprüchlich, zu schwerfällig für so ein Spiel. Mit anderen Worten, es ging über ihre Kräfte (und schien vielen ihrer Bewohner auch nicht wünschenswert), auf die europäische Spurbreite zu wechseln. Wenigstens in der Periode, die im August 1991 begann. Natürlich ist nicht der Abstand zwischen den Schienen das Problem; soweit ich weiß, ist er auf der Iberischen Halbinsel auch ein anderer, was die Spanier und Portugiesen nicht daran gehindert hat, sich erfolgreich zu integrieren. Anders die Ukraine. Deren sowjetische und postsowjetische Prägung ist tief, ein äußerst hartnäckiges Wesensmerkmal, an dem sich mehr als eine Generation von Bürgern wird abarbeiten müssen.

Einen Großteil der Verantwortung für die *ukrainische Perspektivlosigkeit* werden aber für lange Zeit die europäischen Architekten des neuen europäischen Hauses zu tragen haben: Im Unterschied zu den Polen und jetzt auch den Litauern, unseren treuen, aber in dieser pragmatischen Welt, ehrlich gesagt, nicht allzu einflußreichen Anwälten, haben sie sich von dem Stereotyp, die Ukraine gehöre zum *russischen Teil der Welt*, offenbar nicht lösen können. Seit 1992 reise ich mehr oder weniger regelmäßig in den Westen, und obwohl meine Kommunikation mit sogenannten *offiziellen Persönlichkeiten* gegen Null tendiert, reichen mir die Begegnungen, die ich sonst hatte. Zweifellos um mir eine Freude zu machen zitieren die meisten westlichen Kollegen, wenn sie erfahren, woher ich komme, entweder russische Lyrik, oder sie loben das russische Ballett. Ich habe ja gar nichts dagegen, doch ist es ein bißchen peinlich, Komplimente zu bekommen, die anderen gelten.

Nach der eisernen Eisenbahnerlogik ist es in der Tat viel praktischer, den Zug Nr. 76, den einstigen »Warschauer«, auf dem sowjetischen Nebengleis in Przemyśl zu stoppen, statt sich lange mit dem Anbringen der Räder abzugeben, die ihm den Weg nach Westen ermöglichen würden.

So verkehrt dieser Zug heute nur zwischen Czernowitz und Przemyśl. Als ob uns die Meere – das Schwarze Meer und die Ostsee – schon lange nicht mehr interessierten. Für mich verkörpert der Zug Nr. 76 perfekt die Einstellung des Durchschnittsukrainers zu Polen. Ganz ohne Metaphysik oder Philosophie im eigentlichen Sinne. Es geht um Waren, Geld und wieder Waren, um riesige karierte Taschen, den Transport von Zigaretten und Alkohol, den Basar von Przemyśl und große Vorratslager, kurz gesagt: um die Möglichkeit des materiellen Überlebens. Es geht um einen besonderen Umgangston zwischen den Grenzbeamten, dem Zugpersonal und seinen Passagieren, von denen viele jeden Tag für einige Stunden nach Polen fahren und zurückkehren. Die historisch komplizierten Probleme der ukrainisch-polnischen Beziehungen, einschließlich der »Aktion Weichsel« und besonders der Wolhynien-Tragödie, liegen ihnen so fern, daß es fast unangenehm ist, sie danach zu fragen. Viel komplizierter und problematischer erscheinen ihnen die Beziehungen zu den Zöllnern auf beiden Seiten der Grenze und dann auch zu den Zwischenhändlern, Arbeitgebern und Geschäftsinhabern.

Über die *polnische Durchschnittshaltung* der Ukraine gegenüber habe ich letztes Jahr einen aus polnischer Quelle stammenden Artikel gelesen, der von den Ergebnissen einer Umfrage zum Thema »Wer ist am beliebtesten, wer am unbeliebtesten?« berichtete. Der ukrainische Wert hatte sich leicht verbessert: In den Augen der Polen standen wir jetzt auf viertletzter Stufe. Ganz unten stehen traditionell die *Zigeuner*. Berücksichtigt man aber, daß die eine Stufe darüber angesiedelten *Rumänen* in Wirklichkeit auch Zigeuner sind, so ist der reale Platz der Ukrainer nicht der viert-, sondern der drittletzte. Und es wäre der vorletzte, wenn uns nach dem 11. September 2001 von dort nicht die *Araber* verdrängt hätten.

Der Stand unserer Beziehungen ist nicht nur alles andere als ideal, er ist bedrohlich, und zwar wechselseitig. Auf ukrainischer Seite fehlt jegliche Reflexion, statt dessen herrscht historisch-kulturelle Apathie. Die polnische hegt ihr unverändert negatives Vorurteil. Wie gesagt, es geht mir um die Beziehungen zwischen *Durchschnittsmenschen*, und sei es nur, weil diese in jeder Gesellschaft mehr als neun Zehntel ausmachen und man ihre Beziehungen daher wohl kaum ignorieren kann.

Um die Situation in noch düstereren Farben zu malen, wende ich mich dem Fahrplan zu. Seit dem 15. November 2002 verkehrt der Zug Nr. 76 der Ukrainischen Eisenbahn zwischen Czernowitz und Przemyśl nicht mehr täglich, sondern nur noch jeden zweiten Tag. Ich bezweifle nicht, daß diese unbedeutende eisenbahnerische Veränderung direkt mit dem gar nicht so unbedeutenden Prozeß der Osterweiterung der EU zusammenhängt. Oder bilde ich mir das nur ein?

* * *

Da ich keinerlei Einfluß auf die Ukrainische Eisenbahn und die Polnischen Staatsbahnen habe, mir aber gleichzeitig wünsche, daß zwischen unseren Ländern ungehindert immer neue Züge verkehren, bleibt mir nichts anderes übrig, als einen alternativen Zug zu erschaffen – mit anderen Lokomotiven und ungeahnten navigatorischen Möglichkeiten. Die Idee wurde vor einigen Jahren in Czernowitz geboren: Es sollte keinen Fahrplan geben, und der Zug sollte virtuell fahren. Und dabei alle möglichen problematischen Grenzen überwinden – nicht nur die ukrainisch-polnische.

Passagiere dieses Zuges werden die Leser sein, das Personal die Redaktion. Was die Autoren betrifft, so steigen sie an den Bahnhöfen zu. Schauen Sie sich auf der Karte die Fahrtroute an, suchen Sie sich eine interessante (oder uninteressante) Station aus, ein Mausklick, und Sie sehen die Namen, ein weiterer Mausklick, und die Botschaft öffnet sich.

Ich wünsche mir zum Beispiel sehr, daß dort endlich die erschütternden Reportagen Paweł Smoleńskis aus seinem Buch *Pochówek dla rezuna* (Begräbnis für eine Person) erscheinen. Der polnische Journalist hat sich mit einem noch immer nicht aufgearbeiteten Kapitel unserer gemeinsamen Geschichte beschäftigt, der »Aktion Weichsel«, und schreckliche, unerträgliche und bittere Dinge ans Licht gebracht. Ab und zu fragt er mich: Werde ich es wohl noch erleben, daß jemand auf ukrainischer Seite ein Buch über die Wolhynien-Tragödie schreibt? Ich habe keine Antwort, weiß aber, daß man zuerst Smoleńskis Buch in der Ukraine und auf ukrainisch herausgeben müßte. Vielleicht als Vorbild, Ansporn, Herausforderung.

Überhaupt möchte ich in diesem Zug so viel neuer polnischer und neuer ukrainischer Literatur begegnen wie nur möglich. Literatur, die vor unseren Augen entsteht. Andrzej Stasiuk kennt, übersetzt und diskutiert man in der Ukraine schon. Aber es gibt noch mindestens ein Dutzend weiterer Autoren, die wir im Moment dringend brauchen.

Wie in normalen Zügen wird es Waggons erster (literarische Texte) und zweiter Klasse (Kulturwissenschaft, Politik, Reportage, Interview) geben. Auch einen Schlafwagen speziell für Klassiker, besser gesagt für die Autoren, die nicht mehr leben. Einen Postwagen für Neuigkeiten und Korrespondenz. Im Speisewagen wird es überaus lebhaft zugehen, dort finden alle möglichen Provokationen und Mystifikationen statt. Dazu ein eigener Wagen für Multimedia. Aber garantiert kein Gefängniswagen.

Das Wichtigste wird der Tambur, die Plattform, sein.

Das Wort Tambur läßt sich kaum in eine andere Sprache übersetzen. Es bezeichnet eine Realität der sowjetischen Eisenbahn: einen gesonderten Bereich am Ende des Waggons, wo Rauchen nicht verboten ist. Daher verbringt man einen Großteil der Eisenbahnfahrten in unserem Land auf dem Tambur. Dorthin geht man, um wichtige Dinge zu bereden, sich näher kennenzulernen, zu flirten, aus der Flasche zu trinken, zu streiten und manchmal auch, um sich zu prügeln. Der Tambur meines Zuges wird zum Diskussionsforum. Hier kann die komische, aber ganz reale Gemeinschaft unserer künftigen Passagiere (ich weiß, daß es sie gibt!) alles mögliche besprechen oder fast alles, was Ukrainer, Polen und andere *Zigeuner* zu besprechen haben. Lieblingstexte und solche, die man nicht ausstehen kann, Stereotype, Apathie, Barrieren des Unverständnisses, territoriale Ansprüche, die Suche nach dem Schuldigen, das, was gegenseitig abstößt oder fasziniert, Franzosen und Deutsche und auch Amerikaner, die »Aktion Weichsel« und die Wolhynien-Tragödie, das Jahr 1918 und das Jahr 1981, den Terrorismus und die Globalisierung, sogar über die Preise darf dort gesprochen werden: den Benzinpreis, den Preis der Grenze, den Preis der Liebe, des Hasses, des Lebens.

Ich wünschte, das Projekt könnte ewig dauern und die Grenzen durchlässig werden. Aber wenn es mit der Öffnung der offiziellen Grenzen nicht klappt, dann schaffen wir uns unsere eigene Transparenz. Sollten wir zur Partisanentaktik gezwungen sein, so graben wir zumindest einen Tunnel – von Przemyśl an den Atlantik. Oder um die ganze Welt.

Aber ich habe mich fortreißen lassen. Zur Beruhigung wende ich mich wieder der Vergangenheit zu, einem heißen Sommerabend Ende der Sechziger, trete hinaus auf den Bahnsteig in Iwano-Frankiwsk und warte auf die Ankunft des »Warschauers«. Hinter den Scheiben die Gesichter der Polen, die nicht aussteigen dürfen. Und wieder blicken wir uns an – wir vom Bahnsteig, sie aus dem Zug, und ein größeres Getrenntsein ist kaum vorstellbar.

2003

Atlas. Meditationen

1

Ich verfüge über keinen allzu guten Orientierungssinn und erlaube mir allzuoft, mich zu verirren. Trotz meiner Liebe zu Landkarten ist es mir nie gelungen, eine funktionale Einstellung zu ihnen zu entwickeln – sie waren und sind für mich eher eine phantastische Mixtur, eine Hybride aus Literatur und Malerei, Namen und Visionen, keinesfalls aber ein Mittel, um den richtigen Weg zu finden.
Deshalb sind meine Wege meist Umwege, und am liebsten bin ich aufs Geratewohl unterwegs.
Gleichzeitig aber werde ich eine meiner festesten Gewohnheiten wohl kaum mehr ablegen können – das ziellose Betrachten geographischer Atlanten. Welche Überraschungen habe ich von ihnen noch zu erwarten? Meine persönliche Epoche der großen Entdeckungen liegt lange zurück – irgendwo in dem Alter, das man als Schulkindalter zu bezeichnen pflegt. Woher sollten auf dieser Welt neue Archipele und Kontinente kommen?

2

Gestern fiel mir jedoch der Diercke Weltatlas in die Hände (Westermann Kartographie 1996), und ich begann, ihn von vorn nach hinten und von hinten nach vorn durchzublättern und tue das – mit Unterbrechungen – noch immer. Dabei bleibe ich regelmäßig auf den Seiten 14/15 hängen, die »Mitteleuropa« zeigen. Zu diesem Begriff kehre ich seit zehn Jahren immer wieder zurück, revidiere meine bisherige Auffassung davon und versuche, neue Dimensionen zu entdecken.

So eine Revision führe ich auch für den Diercke Weltatlas durch. Sein Mitteleuropa besteht vor allem aus Deutschland und Polen – beide Länder gelten als Grundfesten dieses Erdteils, so etwas wie siamesische Zwillinge im Zentrum des Weltengefüges. Im Süden lehnen sie sich an die Slowakei, Ungarn, Tschechien, Österreich und Slowenien, ein Stückchen an Italien (eher symbolisch – wohl nur, um die Makkaroni nicht zu vergessen!) sowie an die Schweiz. Im Norden ein bißchen Litauen, Ostpreußen (pardon, Rußland), Dänemark, Holland und Belgien, und im Westen – ein kleines Stück von Frankreich. Am meisten interessiert mich, was im Osten liegt. Dort findet sich ein riesiges Stück von Weißrußland, der Ukraine und Rumänien. Ich glaube nicht, daß die Autoren des Diercke Weltatlas die drei letztgenannten Länder bewußt in die mitteleuropäische Gemeinschaft aufnehmen und, wenn auch nur kartographisch, erlauben wollen, daß sich die westliche Ukraine mit dem Osten Frankreichs vereinigt und das nördliche Moldova mit dem südlichen Dänemark. Die Ursache liegt vor allem in der Spezifik geographischer Karten: Man kann sie nicht von Überflüssigem befreien, weil sich die Erdoberfläche aufgrund ihrer Kugelform durch Ununterbrochenheit auszeichnet.

3

Die im Diercke Weltatlas angebotene Variante von Mitteleuropa paßt nicht unbedingt zu meiner privaten – hm, nennen wir es *Konzeption* – von Ostmitteleuropa als einem in posttotalitärer Realität geeinten Raum zwischen Estland und Albanien. Deshalb müßte *mein* Ostmitteleuropa auch Lettland und Litauen einschließen (letzteres völlig und nicht nur ein bißchen), außerdem ganz oder jedenfalls fast zur Gänze die auf den Seiten 14/15 des Diercke Weltatlas unsichtbaren Länder Moldova, Bulgarien, Serbien und Montenegro, Kroatien und Mazedonien. Hingegen haben weder das ehemalige Westdeutschland (eher noch die ehemalige DDR) noch Österreich oder die Schweiz etwas darin zu suchen. Aber Meere müßten zu sehen sein – die Ostsee, das Schwarze Meer und die Adria. Dementsprechend hätte meine Karte von Ostmitteleuropa im Vergleich zur Mitteleuropa-Karte des Diercke Weltatlas einen deutlichen Drall nach Osten, einen östlichen Schwerpunkt, ihre gesamte Körpermasse käme im Osten zu liegen. Man kann sogar der Ansicht sein, daß es sich überhaupt nicht um Ostmitteleuropa, sondern einfach um Osteuropa handelt – das ehemalige *Zielgebiet subversiver Münchener Radiosender.* Aber es gibt darin (mit Ausnahme des schon erwähnten Stückchens Preußen, ohne das es nicht geht) kein Rußland – also das, was es allzu östlich und allzu wenig europäisch machen würde.

4

Ich versuche, meine eigene Vorstellung von Ostmitteleuropa weniger mit logischen als mit lyrischen Definitionen zu verteidigen. Begriffe wie *Territorium, Zone, Teil der Welt, Streifen, Terrain, Raum* wirken dabei eher störend als hilfreich. Da ich aber keine anderen Worte habe, muß ich mich mit diesen begnügen.

Nach meiner persönlichen Vorstellung, Stand August 2005, ist Ostmitteleuropa also:

– ein Territorium außergewöhnlicher historischer Belastungen, insbesondere massenhafter Deportationen und Umsiedlungen und sogar einiger Genozide;

– ein Raum, in dem das Gefühl von Ungerechtigkeit eine physische Kategorie, vergleichbar dem atmosphärischen Druck, ist, die in bisher noch nicht definierten Einheiten gemessen werden kann;

– eine Weltgegend, wo man völlig grundlos auf etwas stolz ist, worüber man sich grämen sollte – die Existenz *zwischen Osten und Westen*;

– ein Streifen häufiger Wechsel von Staatsgebilden, eine erdbebengefährdete Übergangszone zwischen diversen Imperien;

– das Territorium *zwischen den Russen und den Deutschen*, bis zum 1. Mai 2004 – zwischen Rußland und der Europäischen Union;

– der Raum, in dem die in der EU gestohlenen Autos und – zum Teil – die von der EU gewährten Kredite spurlos verschwinden;

– die kleine Heimat der illegalen Arbeitskraft, des soge-

nannten *polnischen Klempners*, und auch nicht nur aus Polen stammender Tänzerinnen, Stripperinnen und Huren;
– eine Exportzone menschlicher Organe und von ihren unbekannten Eltern verlassener Kinder;
– ein Territorium, in dem sich kulturell-genetische Einflüsse überschneiden, wo die Bauern noch Hüte tragen und die Bäuerinnen Kopftücher;
– ein Terrain überwiegend schlechter Straßen – in diesem Sinne eine eindeutig antirömische (außerrömische) Zivilisation;
– ein Terrain, wo sich entlang dieser schrecklich schlechten Straßen unbedingt Fußgänger bewegen, die irgendwelches Nutzvieh vor sich hertreiben;
– eine Weltgegend, die zu drei Vierteln slawisch ist, also unvermeidlich dem Genuß starker alkoholischer Getränke zuneigt;
– eine Weltgegend, wo bis September 1939 unter anderem noch ein mittelalterliches Deutsch, genannt Jiddisch, gesprochen wurde;
– ein Territorium, wo man immer noch Russisch kann, aber meist so tut, als könne man es nicht;
– ein Raum, in dem überhaupt zu viele Sprachen gesprochen werden, als daß man ihn als Raum einer wie auch immer gearteten gemeinsamen Identität, außer der babylonischen, begreifen könnte;
– ein Territorium, wo nicht nur die Esten die mit ihnen verwandten Ungarn nicht verstehen, sondern auch die Serben nicht die mit ihnen mehr als verwandten Kroaten;
– ein Territorium, wo keiner die Zigeuner versteht, weshalb sie nach Westen abwandern, in kleinen Musikgruppen, mit Akkordeon, Saxophon und Gitarre;

– ein Territorium, wo keiner den anderen versteht, also ein dauerhaft *vorübergehend besetztes Territorium*;
– ein Territorium, wo immer jeder jeden versteht, wenn es um ein Stück Brot, eine Zigarette oder ein Glas Wein geht;
– ein Raum absoluter und chronischer existentieller Unsicherheit, weshalb man ihn für äußerst religiös hält (auch er selbst hält sich dafür).

5

Ich gestatte mir die These: Als schwerste Sünde der am 1. Mai 2004 vollzogenen Erweiterung der Europäischen Union werden künftige Historiker den Umstand bezeichnen, daß dieses Territorium, *mein* Ostmitteleuropa, zwischen verschiedenen Zentren zerrissen und geteilt wurde, von denen eines – Moskau – praktisch kein Zentrum mehr ist, aber um jeden Preis diesen Anschein erwecken will, was ihm zum Teil auch gelingt.

6

Alles bisher zur Sprache Gebrachte war nur eine Wiederholung von bereits Durchgenommenem, eine Klarstellung von schon Formuliertem (soweit der Begriff *Klarstellung* zu diesem vagen und verantwortungslosen Genre paßt). Über ähnliche Dinge schreibe ich schon seit Anfang der neunziger Jahre, also ungefähr seit ich versuche, die Geographie für die Kultur verantwortlich zu machen.

Doch Sarmatien wurde hier noch nicht einmal erwähnt.
Der Diercke Weltatlas (na, da habe ich mir ja ein Opfer ausgesucht!) kennt diese Weltgegend oder auch nur geographische Bezeichnung gar nicht. Beim Durchblättern stößt man auf alle möglichen Paradoxa des Raums, bedingt durch die Paradoxa der Zeit. Wenn man dem Atlas glauben will, weiß zum Beispiel die Ukraine, wo ich lebe, nicht, wohin sie gehört. Ihr westlicher Teil liegt offensichtlich in Mitteleuropa (Seite 14/15), der Rest aber in Asien (Seite 152/153). Auseinandergerissen und verloren zwischen den Seiten 15 und 154 des Diercke Weltatlas kann die Ukraine nicht über ihre Zugehörigkeit entscheiden. Zumindest im Rahmen dieses konkreten Atlas ist sie gespalten, handelt es sich um *zwei Ukrainen*.
Doch Sarmatien ist im Diercke Weltatlas auf keiner Karte zu entdecken.
Wir können höchstens raten, wo es früher lag. Dabei sind wir gezwungen, uns auf eine extrem unzuverlässige Quelle zu stützen – auf Herodot. Können wir nicht seinen für die ganze weitere Wissenschaft grundlegenden Schriften entnehmen, daß nördlich vom Pontus Euxinus achtfingrige Menschen mit einem dritten Auge – und zwar auf dem Bauch – leben? Begründete nicht er die Tradition, wonach bei der Beschreibung weit entfernter Lande phantastische Elemente freudig begrüßt werden?
Jedenfalls gibt es in den Postherodot-Varianten bezüglich der Lage Sarmatiens nur einige wenige fest gefügte Geo-Koordinaten. Unter diesen Koordinaten ist übrigens nichts fester gefügt als das, was fließt. Nichts ist sicherer als Wasser, obwohl Flüsse manchmal ihren Lauf ändern. Andererseits können sich auch Berge bewegen und verschwinden.

Daher trotz allem das Wasser, vielmehr die Grenzen, die es durch sein Fließen bestimmt.
Daraus folgt, daß Sarmatien irgendwo zwischen Don und Donau zu suchen ist (*Groß*sarmatien, seine erweiterte Version, oder, im heutigen Sprachgebrauch, Sarmatien XXL). *Klein*sarmatien dagegen zwischen dem Dnipro/Dnjepr und dem Dnister/Dnjestr. In allen vier Flußnamen, also in beiden Versionen – der weiteren und der engeren – steckt das Sanskrit-Wort *dana*, was jedoch nicht wirklich etwas erklärt.
Man kann sich außerdem auf das Meer stützen und Sarmatien als nördlichen Anrainer des Schwarzen Meeres bezeichnen. Aber wo endet dieser *Schwarzmeeranrainer*, wie viele Kilometer nördlich der Küste – einhundert, fünfhundert, tausend?

7

Ptolemäus benötigte für seine Aufteilung nur eine einzige Koordinate. Er schrieb, es gebe zwei Sarmatien – ein europäisches und ein asiatisches, und die Grenze zwischen ihnen sei der Don. Alles westlich von ihm ist also das europäische Sarmatien, östlich – das asiatische. Ptolemäus hat wohl vorausgeahnt, wie sehr mir seine Lehren zupaß kommen: Westlich vom Don kann nur die Ukraine sein.
Das Ungefähre in den Schlußfolgerungen der antiken Phantasten erlaubt es mir allerdings nicht, zwischen der heutigen Ukraine und dem *europäischen* Sarmatien ein Gleichheitszeichen zu setzen. Tausende Kilometer (Meilen? Stadien? Loge?) in die eine oder andere Richtung sind bei der Be-

schreibung von Ländern eine für ptolemäische Zeiten typische Abweichung, und das Durcheinander in den geographischen Bezeichnungen und Benennungen der Völker ist höchstens ein zusätzlicher Beweis dafür, daß die Geographie in Wirklichkeit Poesie ist.

8

Diesen Umstand mußte Stanislaw Perfezkyj, der Held eines meiner Romane, nutzen, als er Anfang der neunziger Jahre in Venedig vor einem hochverehrten Publikum auftrat und ungefähr Folgendes sagte: »Die Ukraine der Vorzeit ist ein nicht weniger phantastischer Raum als das von Augustinus beschriebene Äthiopien. Es genügt schon die flüchtige Aufzählung all der Bewohner von Feld, Wald, Bergen und Gewässern. Die Kimmerier, schon von Homer in den Dunst der *Odyssee* geflochten – gab es sie wirklich, werden Sie fragen – gab es Homer, frage ich. Vom Lande Kimmeria wissen wir nur, daß Rimbaud es für das Vaterland der Nebel und des Wirbelwinds hielt. Die Skythen, direkte Nachfahren von Herakles oder gar Zeus selber – wohl deswegen bewohnen sie auf Karren stehende Filzhütten. Die Issedonen, die von den Skythen von oberhalb des Kaspischen Meers vertrieben wurden. Die Arimaspen, die von dort wiederum die Issedonen vertrieben. Die stier- und bocksköpfigen Taurier. Die Neurer, von denen sich jeder einmal im Jahr in einen Wolf verwandelt. Die Amazonen, denen die rechte Brust fehlt, damit sie besser mit dem Bogen schießen können. Die den Skythen von den Amazonen geborenen Sarmaten (*da haben wir sie! J.A.*). Die Anthropophagen, die Menschenfleisch essen und weder die Wahrheit noch Gesetze anerkennen. Die Amadokier, die ebenfalls Menschenfleisch essen, allerdings nur von Lebenden. Die Melanchlänen, die nur Schwarz tragen. Die Saudaraten, scheinbar völlig identisch mit den Melanchlänen, anderen Quellen zufolge allerdings eher mit den Jazygen, Sajen, Tissamaten und Roxolanen gleichzusetzen. Letztere dürfen weder mit den Reuxinalen noch den Rosomonen und noch weniger mit den Kostoboken verwechselt werden, berühmt für ihre Raubzüge auf den Balkan, weshalb man sie mit den Bessen verglich. Die Karpen, nach denen das Karpatengebirge benannt ist, das damals noch Kaukasusgebirge hieß. Die Agathyrsen, die sangen, statt zu sprechen. Die Daker, Geten und danach die Bastarnen, von denen Goten, Skiren, Heruler, Rugier, Vandalen, Taifalen, Gepiden, Urugunder, also Burgunder sowie andere Bastarde abstammen. Die Hunnen, die aus nicht existierenden Wüsten kamen und in nicht existierende Wälder weiterzogen, nach ihnen nicht nur Kutriguren und Onoguren, sondern auch die Unuguren, Utriguren und Unugunduren. Die Anten, also Veneden oder auch Pelasger, die unter dem Namen Etrusker sogar bis hierher, nach Norditalien, gelangten. Die Awaren (eine echte Havarie der Geschichte!), denen in Barbarenströmen alle andern folgten – Bulgaren, Chosaren, Karakalpaken, Obrer, Ugrer, Petschenegen, Hundsköpfe, Rohfresser und Polowzer – und keine Verteidigungswälle hielten dem stürmenden Asien dieser sprachlosen und noch nicht benannten Autochthonen stand.« Und etwas weiter unten: »Nichts zu machen. Über hundert Stämme feiern in unseren Genen einen ewigen Karneval.«

9

Perfezkyj hat es gut – sein Publikum freut sich über die bombastischen Verdrehungen, ohne sich auch nur einen Moment darüber im klaren zu sein, daß dieser Clown in Wirklichkeit nichts, also gut, fast nichts erfindet.
Was mich angeht, so habe ich es mit einem viel aufmerksameren Publikum zu tun. Vor seinen Augen muß ich die Grenzen meines eigenen Sarmatien so überzeugend wie möglich abstecken. Und mich dabei auf eine hohes Ansehen genießende Quelle stützen – den Diercke Weltatlas.
Und was sehe ich dort?

10

Die blaue Linie des Dnipro teilt den *Globus Ukraine* fast idealtypisch in zwei Halbkugeln – eine östliche und eine westliche. Dieses zutiefst kartographische Bild steht in unmittelbarem Zusammenhang mit dem, was man gewöhnlich den Komplex der *zwei Ukrainen* nennt. Wenn Flüsse Grenzen sind, dann ist der Dnipro vor allem eine Landschaftsgrenze: im Westen, also auf dem rechten Ufer, Erhebungen und Wälder, die sogenannten *Berge*; und im Osten (am linken Ufer) Ebene und Steppe. Dabei erscheint alles westlich des Dnipro als seit ewigen Zeiten kultiviert, besiedelt, agrarisch und beständig, alles östlich davon hingegen als wurzellos-nomadisch, kolonisiert, proletarisch, verwüstet. Es handelt sich ja tatsächlich um das einstige Wilde Feld – ein Terrain unablässigen Umherziehens und Umsie-

delns Hunderter Reitervölker, aller möglicher *Sarmaten* oder sogar der mit dem irano-ossetinischen Schwert gegürteten *Sauromanten*.
Dort, wo diese Zweiteilung zutage tritt und Konflikte auslöst, liegt der Kern der ukrainischen historischen Herausforderung.

II

Auf diese Weise kann ich seinen Platz definieren: Sarmatien ist alles östlich und südlich des Dnipro, also der Süden und der Osten der Ukraine. Und es stellt eine Herausforderung dar.
Für die Ukraine als Einheit ist Sarmatien eine Herausforderung, denn es
– ist versteppt und trocken;
– spricht überwiegend Russisch;
– ist dicht, anachronistisch und deprimierend industrialisiert;
– proletarisiert und traditionell kriminalisiert;
– war und ist bis heute Territorium für Flüchtlinge – aus der türkischen Sklaverei zum Beispiel, dann für obdachlose Rückfalltäter, arbeitslose Hanf- und Mohnsammler und ähnliche gottlose anarcho-orthodoxe Typen (die sich gleichzeitig mehrheitlich loyal zur Obrigkeit verhalten, solange diese ihre proletarischen Denkmäler nicht antastet);
– ist aufgrund einer schwarz-weißen Weltsicht anfällig für politische Manipulationen;
– trinkt Wodka der Marke »Schachtjor« und Bier der Marke »Sarmat«;

– haßt oder verachtet jedenfalls alles Westliche: Europa ist zu weit weg, zu satt, zu gemütlich und zu wenig real, Europa hat man sich in Kiew ausgedacht, um einem den Kopf zu verdrehen, Europa existiert nicht, denn Europa kennt nur Verrat;
– fördert in illegalen Bergwerken illegale Kohle, mit den Händen und auf dem Rücken älterer Frauen und minderjähriger Kinder;
– bedeutet eine unzertrennliche Anzahl von Zonen: industrielle, Sträflings-, geschlossene, verbotene, *freie Wirtschaftszonen*;
– hat das Zeug zum Dreamland: eine große protokulturelle Leere, die man unbedingt mit etwas füllen möchte.
Aber womit kann sie gefüllt werden?

12

Ich gestatte mir die Behauptung, daß der 1. Mai 2004 in der Architektonik Europas einen Erdrutsch auslöste. Ostmitteleuropa, das fast ein halbes Jahrhundert unbeweglich und unveränderlich zwischen zwei Eisernen Vorhängen festzusitzen schien, spürte, wie es langsam von seinem *kanonischen* Territorium verdrängt wurde – dem Territorium der neuen Mitgliedsstaaten der EU. Es ist eine sanfte, aber konsequente und stetige Verdrängung, die ihm keinen Raum mehr läßt. Die Ambiguität, das *Dasein dazwischen*, verschwindet auf allen Ebenen – von der Unifizierung der Landschaft zur Pragmatisierung der Mentalitäten.
Dabei ist aber gerade das Bewußtsein (und daher auch das Sein) *zwischen Osten und Westen* für das ostmitteleuropä-

ische (OME) Selbstgefühl zentral. Das Verständnis, daß man sich *dazwischen* befindet, ist eine Art von Erkennungszeichen. Tschechien oder sagen wir Polen sind formal keine *Länder dazwischen* mehr – man hat sie eingeladen, Teil des Westens zu werden, und sie geben sich redlich Mühe.
Statt dessen sind heute die Ukraine, Weißrußland und Moldova *Länder dazwischen*. Und die Ukraine von allen dreien am ausgeprägtesten: Im vierzehnten Jahr ihrer eher formalen Unabhängigkeit machte sie sich endlich unabhängig von Rußland (dem Osten), bekam aber trotzdem vom Westen weder eine Einladung noch das Versprechen einer Einladung. Weißrußland bleibt politisch ein Teil des Ostens – wenn nicht Protektorat, dann Satellit Rußlands, hier müßte es vor allem einen Regimewechsel geben, obwohl die OME-Prozesse auf jeden Fall unvermeidlich sind. Moldova ist spürbar geschwächt durch seine mangelnde Eigenständigkeit und seine territorialen Probleme, deshalb ist es kein Subjekt von OME-Prozessen.
Folgendes ist also passiert: Ostmitteleuropa ist in Bewegung geraten und driftet in östlicher Richtung über ukrainisches Territorium. Dabei stößt es unausweichlich auf den Widerstand des Ostens, und wenn es auch übertrieben wäre, das Krieg zu nennen, so handelt es sich jedenfalls um einen brisanten Konflikt. Im Herbst 2004 färbte sich OME orange, eroberte das Bewußtsein von Millionen neuer Individuen, überwand den Dnipro und dehnte sich im Nordosten bis zur russischen Grenze aus. In dieser Richtung hat es sein Ausdehnungs- und Wanderpotential ausgeschöpft – dahinter kommt nur noch Rußland, also ein anderer Kontinent. Was bleibt, ist die südöstliche Richtung – Dreamland Sarmatien.

13

Ich habe mich nicht versprochen: Rußland – also ein anderer Kontinent. Es wurde in diesem Text schon mehrfach erwähnt, also muß ich auch für Rußland einen ihm angemessenen Platz finden.

Bei meinen häufigen Lesungen und öffentlichen Diskussionen zum Thema *Europas Grenzen* auf allen möglichen westlichen Foren ist mir genauso häufig der Typ des *Rußlandverteidigers* begegnet. Diesmal meldete er sich als Antwort auf meine geographischen Fluß-Metaphern zu Wort, aus denen sich ergab, daß die Ukraine voll und ganz zur Atlantischen Welt gehört. »Und Rußland«, sagte er, »wagen Sie es nicht, Rußland aus Europa auszuschließen!« Er war Deutscher, erinnerte äußerlich aber an einen Tschechowschen Intelligenzler – es waren wohl seine Brillengläser, die diesen Eindruck erweckten. »Rußland ist ein Land hoher europäischer Kultur«, verkündete er. »Ich persönlich kenne wunderbare Menschen aus Nowosibirsk, die Mozart hören!« Ich stimmte ihm zu, daß Europa wirklich keine Grenzen hat und daß wir in diesem Sinne nicht nur Rußland, sondern auch die USA nicht ausschließen können. Das rief natürlich seinen Widerspruch hervor: »Amerika? Niemals! Das ist etwas völlig anderes, überhaupt nicht Europa!«

»Aber ich persönlich kenne wunderbare Menschen in San Francisco, die Mozart hören«, antwortete ich.

14

Zweifellos gehörte mein Opponent zu den Anhängern der verführerisch schönen Losung »Europa von Lissabon bis Wladiwostok!«. Es ist verständlich, daß die räumliche Perspektive der chaotisch-riesigen Welt hinter dem Ural die begeisterten Blicke in der geordneten Enge und Beschränktheit rheinischer Städtchen aufgewachsener neuer Visionäre auf sich zieht. Der romantische »Drang nach Osten« vergeht nicht, sondern erfährt immer neue intellektuelle Modifikationen. Diesmal erscheint er in der wahrhaft unermeßlichen Weite der Losung »Europa von Lissabon bis Wladiwostok!«.
Ich greife wieder zum Diercke Weltatlas und versuche zu bestimmen, wo sich in diesem Europa *mein* Ostmitteleuropa befände. Offenbar irgendwo zwischen den Flüssen Irtysch und Lena. Zu achtzig Prozent bestünde es aus Taiga und wäre mit 0,00001 Menschen pro Quadratkilometer eines der am dünnsten besiedelten Gebiete der Erde; seine unangefochtenen Zentren wären die Städte Nowosibirsk (wo man, wie wir wissen, Mozart hört), Krasnojarsk sowie das vorbildlich-sozialistische Bratsk; seine ursprünglichen Einwohner wären Ewenken und Burjaten.
Ich persönlich möchte kein solches Ostmitteleuropa. Nicht, weil ich Vorurteile gegen Ewenken hätte, eher im Gegenteil. Nur kann mir kein Irtysch die Donau ersetzen, ihre alpinen, karpatischen und balkanischen Zuflüsse. Keine Musik kann mir die rumänische, ungarische und auch huzulische ersetzen.
Der einzige Vorteil einer solchen Situation läge darin, daß

sich die Ukraine in einem »Europa von Lissabon bis Wladiwostok!« hundertprozentig als westeuropäisches Land erwiese, und zwar nicht nur hinsichtlich ihrer geographischen Lage – denn wie wir wissen definiert sich alles durch den Vergleich.
Und trotzdem würde mir persönlich die Losung »Europa von Lissabon bis Luhansk!« erheblich besser gefallen – sie klingt nicht weniger visionär, beschreibt aber gleichzeitig die *Zone der Europäisierung* um vieles gemäßigter. Und verantwortungsvoller.

15

So sehr Sarmatien eine Herausforderung für die Ukraine darstellt, so sehr ist auch die Ukraine eine Herausforderung für die EU. Und Europa (um klare Akzente zu setzen, werde ich dieses Wort im Folgenden in seiner konservativen, westeuropäischen Bedeutung verwenden) braucht diese ukrainische Herausforderung wie die Luft zum Atmen. Denn es befindet sich *in der Krise*.
Die Ukraine aber braucht – ebenfalls wie die Luft zum Atmen – die europäische Perspektive. Aber sie bekommt diese Luft nicht. Wobei ihr die europäische Seite vor allem vorhält, Gesellschaft und Eliten seien nicht für *Eurostandards* gerüstet. Aber was ist das und wie kann man sie erreichen – besonders wenn es sich um Doppelstandards handelt?
Von allen Eurostandards verstehe ich nur einen voll und ganz – den Eurostandard, totalitäre Regime friedlich abzulösen. Er wurde an der Schwelle des neuen Europa von

der Woge der samtenen OME-Revolutionen 1989-91 aufgestellt, wofür fast alle Subjekte dieser Revolutionen, von Estland bis Albanien, bald mit der europäischen Perspektive belohnt wurden, welche die einen (Estland) nutzten, andere (Albanien) bis heute nicht nutzen konnten. Von der Ukraine wurde dieser Standard nicht nur voll erreicht (1991), sondern auch erheblich verbessert (2004). Im Jahr 2004 waren die Ukrainer gezwungen, das endgültig zu zerstören, was sie 1991 nicht endgültig hatten zerstören können, so daß *es* überlebte, sich transformierte, umgruppierte und ihnen von neuem im Nacken saß. Doch in den dreizehn Jahren unter *ihm* haben die Ukrainer, wie sich zeigte, ein phänomenales zivilgesellschaftliches Potential entwickelt. Dieses Potential erlaubte es ihnen, ihre orange Revolution mit einem derart hohen Eurostandard durchzuführen und zu vollenden.

Daß es auf diesem Gebiet auch andere, nichteuropäische Standards gibt, haben wir später gesehen – am Beispiel Kirgistans und, viel blutiger, Usbekistans. Zumindest vor diesem Hintergrund verdient es die Ukraine, daß man sie hervorhebt und erste Schritte in ihre Richtung tut.

16

Ja, sie ist nicht bereit, aber was bedeutet dieses *bereit sein*, wie wird das definiert? Wie gut vorbereitet waren Polen, Litauen, Lettland Anfang der neunziger Jahre oder etwas später Rumänien und Bulgarien? Und warum zieht man es nicht einmal in Betracht, den Ukrainern eine kleine Chance einzuräumen, *bereit* zu werden – zum Beispiel indem man die Visumpflicht aufhebt? Wie soll man es sonst schaffen – bei stundenlangem und oft erniedrigendem Schlangestehen vor westlichen Botschaften? Wie kann man eine Prüfung ablegen, wenn man die Vorlesung nicht besuchen und keine Lehrbücher verwenden darf und wenn außerdem keiner der Professoren zuständig ist?

Übrigens, Prüfung. Die Kälte war eine Prüfung. Und auch die ständige Bedrohung – daß jemand die Nerven verliert, die ersten Scheiben zu Bruch gehen, das erste Blut fließt, daß es der Staatsmacht gelingt, Zusammenstöße zu provozieren, daß alles in Gewalt und Brutalität explodiert. Aber das alles konnte nicht passieren, weil wir ihm keine Chance gaben. Wir taten nichts anderes, als einander zu helfen, in dieser Kälte auszuharren. Wir sangen, skandierten und hielten uns an den Händen. Und teilten mit unseren Gegnern die warme Kleidung und das warme Essen.

Was für eine Revolution braucht es denn, um zu beweisen, daß wir *bereit* sind?

17

Warum also will man uns keine Chance geben? Ich habe dafür eine erschreckend einfache Erklärung: weil man Rußland nicht verärgern will.

In den siebziger Jahren hieß das Ostpolitik. Und ich fürchte, daß es heute ganz ähnlich heißt. Sehr vereinfachend versteige ich mich zu der Annahme, daß abgeschottete byzantinische Architektur, Geheimdiplomatie, *Strickjackenformat* und die vorsichtige Suche nach den menschlichen Schwächen des Drachens den Kern dieser Erscheinung bilden. Den russischen Herrscher kann man nur unschädlich machen, indem man ihn kauft. Zuerst hat man Breschnew mit Autos der Marke Mercedes gekauft. Gorbatschow mit Ehrendoktorwürden und Dankbarkeit. Auch Jelzin mit Dankbarkeit, vor allem aber mit riesigen Mengen legendärer alkoholischer Getränke. Putin aber kauft man mit viel substantielleren – geopolitischen – Dingen: Tschetschenien, Weißrußland. Noch habe ich nicht gesagt »und der Ukraine«.

18

Ich habe es noch nicht gesagt, obwohl ich mich verraten fühle.

Vor einiger Zeit hat man mich darauf hingewiesen, daß »Verrat« ein sehr starkes Wort sei, für das man sich verantworten müsse. Genau das versuche ich jetzt zu tun.

Als wir schon zehn Jahre in der *postsowjetischen* Ukraine lebten, die nicht ohne Grund Kutschmanistan genannt wurde, mußten wir uns unaufhörlich von unserer damaligen Führung und insbesondere unserem *verbrecherischen* Präsidenten sagen lassen, daß »in Europa niemand auf uns wartet«. Auf diese Weise hämmerten *sie uns* ein, daß es keinen Sinn mache, sich groß anzustrengen – die Ukraine war, ist und bleibt graues, unter russischem Einfluß stehendes Gebiet, also *ihr Gebiet.* Und kein Europa werde *uns* helfen, die Ukraine aus diesem Sumpf herauszuziehen.

Wir aber verstanden das so: Es waren nicht *wir*, auf die man in Europa nicht wartete, sondern *sie*. Also unsere damalige Führung mit unserem *verbrecherischen* Präsidenten an der

Spitze. Und darin hat Europa absolut recht – *sie* nicht zu wollen und auf *sie* nicht zu warten. Denn wozu braucht es zusätzliche Verbrecher? Aber ohne *uns* kann es einfach nicht sein, ohne uns ist es unvollständig, nicht ganz Europa.

Davon wollten *wir* jene überzeugen, die uns lasen und hörten, *wir* also schufen uns Gleichgesinnte – zumindest was die Erkenntnis betraf, daß man *sie* stürzen und andere, bessere wählen mußte. *Unsere* Anstrengungen waren nicht umsonst, wir schufen solche Gleichgesinnten – allein auf dem Maidan stand eine Million. Alle zusammen wählten *wir* nicht nur andere, *wir* verteidigten auch unsere Wahl, die *sie uns* stehlen wollten. Dafür hat *uns* Europa auf die Schulter geklopft. Mehr aber nicht. Also wartet Europa wirklich nicht nur nicht auf *sie*, sondern auch nicht auf *uns*.

19

Europa schrumpft und macht auf paranoide Weise seine Grenzen dicht. Seit der großen, triumphalen Erweiterung am 1. Mai 2004 ist bloß ein Jahr vergangen, aber Europa ist geschrumpft wie Balzacs Chagrinleder! Und das wird damit erklärt, daß es sich in der Krise befindet. Wenn aber der 1. Mai 2004 sein größter Triumph war, wie konnte so eine Krise nach nur einem Jahr passieren? So ein Gipfelpunkt, und jetzt ganz unten! Was ist geschehen? Haben etwa *polnische Klempner* die friedliche französische Bevölkerung terrorisiert? *Ungarische Krankenschwestern* die Gesundheit der Holländer bedroht? Haben Ukrainer eine

Serie von Bombenanschlägen auf die Londoner U-Bahn verübt?
Europa ist nicht in der Krise – es handelt sich nur um eine Krise der Bürokraten, die nicht weiterwissen. Es handelt sich nur um den Bankrott der Bürokraten und den Populismus der Politiker.
Aber das wollen sie nicht zugeben, statt dessen verweisen sie die Ukraine darauf, sie sei *nicht bereit*. Offensichtlich haben wir, als wir das Wunder wahr werden ließen, in Wirklichkeit gar nichts bewegt.
Ich fühle mich, als würde man mir zum wiederholten Mal das Recht auf eine Zukunft absprechen. Sie müssen zugeben, daß das ein trauriges Gefühl ist – mit so einem Gefühl kann man einfach nicht leben.

20

Um also weiterzuleben, höre ich nicht auf, geographische Atlanten zu betrachten. Ich stelle mir vor, dort zu sein, wo ich niemals war – zum Glück gibt es genug, was ich mir vorstellen kann, denn die meisten Orte auf der Welt habe ich noch nicht besucht.
Tatsächlich verlange ich gar nicht so viel: daß man den Ukrainern erlaubt, ungehindert durch Europa zu reisen. Und sei es nur, weil sie auch Europäer sind. Daß also Artikel 13 der Allgemeinen Erklärung der Menschenrechte über die freie Bestimmung des Aufenthaltsortes auf sie Anwendung findet – und sei es nur, weil sie auch Menschen sind, sogar diejenigen unter ihnen, die acht Finger und – auf dem Bauch – ein drittes Auge besitzen.

Daß die polnischen oder slowakischen Grenzer, diese Wachhunde Schengens, nicht auf Kosten der Ukrainer ihren Vollwertigkeitskomplex pflegen dürfen.
Daß sich die Ukrainer einfach aufmachen – in Autos, Zügen oder mit Fahrrädern – und in westliche Richtung fahren dürfen, frei und legal. Sie werden keine Städte mehr zerstören und kein einziges Kulturdenkmal vernichten. Außerdem werden sie auf jeden Fall zurückkehren, denn endlich haben sie ihre Heimat gefunden, so östlich und gleichzeitig so zentral.
Sie werden zurückkehren – dafür verbürge ich mich

2005

Wie Fische im Wasser
29 Flußlieder

1

Flüsse sind zweifellos ein Segen für die Welt. Besser gesagt: Sie könnten ein Segen werden, wenn wir mit der Welt behutsamer umgingen. Wie alle im Sternzeichen Fische Geborene lasse ich mich vom Flußwasser hypnotisieren, besonders im Sommer. Auch Seen haben ihre Vorzüge, ein See ist genauso wunderbar. Aber ich meine die Strömung, ihre Anmut und Elastizität, die Möglichkeit, im Wasser und mit dem Wasser zu schwimmen, ganz zu schweigen von der anderen, genauso verführerischen – den Widerstand der Strömung zu überwinden. Sorry, wenn Ihnen das wie eine Metapher erscheint.

2

Nicht in Wrocław, sondern in Lwiw müßte es soviel Flußwasser geben, nicht in Breslau, sondern in Lemberg. Eine der am tiefsten verborgenen Städte Europas mit ihren immer überraschenden und noch nicht ganz vernichteten überwältigenden Panoramen ist einer der wichtigsten Komponenten der europäischen Urbanistik beraubt – des Flusses. Und damit auch der Brücken (der echten, übers Wasser), der Ufer, Auen, Anlegestellen, der Schiffe, Wassermühlen, Deiche, Inseln, Kanäle und der tausend anderen Reize, die einen schwindeln machen, besonders im Sommer.

3

Und so fehlen in Lwiw auch fast alle anderen Bestandteile eines Flußkosmos – hergelaufene Matrosen, Nymphen, Nereiden, Sirenen, Seeschlangen, Wasserleichen, schuppige Drachen und gepanzerte Schildkröten. Die städtische Mythologie muß heute sogar ohne Tritonen auskommen. Der vermessenste unter den Plänen für eine künftige Umgestaltung der Stadt ist, sie mit Flußwasser zu füllen, die Ufer und Auen durch allmähliches Erweitern und Vertiefen des Bettes wiederzuerschaffen und alle achtzehn historischen Brücken zwischen dem linken und dem rechten Ufer zu rekonstruieren.

4

In Wirklichkeit hat Lwiw einen Fluß, aber einen unsichtbaren. Aus heute kaum mehr zu verifizierenden Berichten spätmittelalterlicher Landeskundler und Lügenbarone geht hervor, daß die Poltwa früher schiffbar war. Jedenfalls sind Fischkutter von der Ostsee (warum nicht Nordsee?) bis Lwiw gefahren, wie Stiche aus jener Zeit belegen. Der Bug spielte die Rolle des Mittelsmanns, denn die Poltwa war (oder ist?) einer seiner Zuflüsse. Über die Atlantikaale, die in der Gegend von Lwiw mit bloßen Händen gefangen wurden, habe ich ja seinerzeit schon einige Lieder geschrieben.

5

Meine Aal-Lieder sind in Moll gehalten. Ende des 19. Jh. befanden die Stadtoberen, daß der Fluß Lwiw nichts als Schaden bringe. Versumpfung der Gegend, der Gestank des Wassers, Myriaden von Mücken und Moskitos, die Malariagefahr, Fäulnis waren ihre Argumente. Letztere hat ihnen wohl den einzig sinnvoll erscheinenden Plan eingegeben – den Fluß zu begraben, einzumauern und der ENDGÜLTIGEN FÄULNIS zu überantworten, indem sie ihn in die städtische Kanalisation verwandelten. Es heißt, im Orchestergraben der Lwiwer Oper könne man noch heute das unterirdische Brodeln der Kloake hören.

6

Das scheint mir absolut glaubwürdig, wurde doch die Lwiwer Oper direkt über dem frisch zugeschütteten Fluß erbaut, in gewisser Weise kann man sie als gigantischen Flußgrabstein bezeichnen, als Mausoleum. Dann aber müßten die feinfühligsten unter den Musikern im Orchestergraben noch etwas anderes hören. Zum Beispiel, wie die Aale in der erstickenden Finsternis der Röhren fast stöhnend in die einzig mögliche, atlantische Richtung drängen. Man weiß, daß Aale sogar in Kanalröhren überleben können, womit sie den Bürgern der Stadt nicht nur Hoffnung, sondern auch ein Beispiel geben.

7

Aber ich habe mit Wrocław begonnen. Es handelt sich, was die Bewohner betrifft, im wesentlichen um das erwähnte Lwiw. Jedenfalls, wie es bis zur zweiten Hälfte der vierziger Jahre des 20. Jahrhunderts beschaffen war – inklusive Universität, Polytechnikum, Archive, Bibliotheken und einige Denkmäler. Es scheint, als habe man in Folge des Zweiten Weltkataklysmus gut die Hälfte der Stadt demontiert und gut 500 Kilometer nach Westen evakuiert. Das Wort »evakuiert« steht hier in direkter Beziehung zu dem Wort »Westen«. In entgegengesetzter Richtung spricht man besser von »deportiert«.

8

Dabei bleibt allerdings unklar, wie zu bewerten ist, was mit der vorherigen Bevölkerung Wrocławs geschah. Handelt es sich vielleicht um einen Wink der GESCHICHTE – daß jede Evakuierung etwas von Deportation an sich hat und umgekehrt? Schließlich haben auch *jene* Lemberger, die an die Stelle *jener* Breslauer traten, sich häufig nicht als Gerettete, sondern als Vertriebene gefühlt. Trotzdem drängt sich der Eindruck auf, daß es *jenen* Lembergern um den Fluß ging. Sie nutzten ihre historische Chance und flohen vor dem toten Fluß zum lebendigen. Zu Brücken, Inseln, Lichtern und Restaurants am Wasser.

9

Aber sie bewahrten sich ihr imaginäres Lemberg. Eine Idylle, Paradies auf Erden, überall Kneipen, Cafés, Promenaden, Straßenmusik, zotige Couplets, eine besonders weiche Aussprache, südöstliche Küche und irgendwie stärkere Getränke. In Wrocław gab es solche Lustbarkeiten nicht, und es wird sie auch niemals geben, dachten zumindest fast alle ehemaligen Lemberger, jetzt Wrocławer. Wrocław mit seiner *deutschen* Bebauung, das war nur Ersatzheimat, die Wärme der galizischen Herde erwartete man hier gar nicht. Der Zweite Weltkataklysmus hatte diesen Leuten nichts gebracht außer der Oder anstelle der Poltwa.

10

In Wirklichkeit aber hatte er ihnen Europa gebracht – das echte, sogenannte Kerneuropa. Es ist vor allem Wasserrauschen. Niemals werde ich die letzten Julitage in Nürnberg vergessen, als ich von der steinernen Brücke, die die beiden Ufer der Innenstadt zusammenschmiedet, in das dichte und schwere, unglaublich saubere grüne Wasser blickte, auf die seinem Fließen unterworfenen Pflanzen (Tarkowski, denken Sie) und auf die Fische da unten, ihr langsames Schwimmen voll körperlicher Freude. Die Schönheit langsamer, riesiger Fische im Herzen der Altstadt – das war für mich Europa.

11

Ich versuche, mich an so viele meiner Flüsse, Ströme und Bäche wie möglich zu erinnern. »Meine« – das sind die, die in mir fließen. Die mich nicht wieder loslassen, seit ich einmal hineingestiegen bin. Außerdem interessieren mich Wasserscheiden, diese Landesgrenzen zwischen den Meeren, die Tausende Kilometer von den Küsten entfernt auf Kämmen und Höhenzügen verlaufen. Lwiw ist auf einer Wasserscheide erbaut, hier sind gleich zwei Meere verborgen – das Schwarze Meer (Argonauten, Odessa, Istanbul) und die Ostsee (Bernstein, Schiffskiefern, Tallinn, Riga und Stockholm).

12

Auch in der Gegend von Morgeten im schweizerischen Simmental konnte ich gleichzeitig Mittelmeer und Nordsee sehen, ich stand zwischen ihnen. Flüsse verkehren unsere Vorstellung vom Raum, davon, wie er organisiert ist und was wozu gehört. Flüsse sind Grenzen, bieten aber auch die Möglichkeit, Grenzen zu überwinden. Ich brauche nur aus dem Haus zu gehen und ungefähr eine Stunde nach Süden zu fahren, um ans Ufer des Donauzuflusses Prut zu gelangen und somit an dasselbe Wasser, an dem Wien, Budapest und Bratislawa liegen. Vielleicht ging es darum, letzten Herbst in Regensburg.

13

Damals gossen meine Bekannten, ein Künstlerpaar, in einem öffentlichen Spektakel eine Mischung aus Schnaps und frischem Blut in die Donau. Ich sehe noch die Schnitte auf seinem Rücken, und wie sie aus diesen Schnitten tropfenweise Blut sammelt, wie sich die farblose Flüssigkeit in der durchsichtigen Flasche langsam rosa färbt. Dann gießen sie es von der antiken römischen Brücke in die Donau. Auf daß es Fischfutter werde, donauabwärts schwömme bis ins Schwarze Meer. Dort würde es vielleicht sogar von Schwarzmeerfischern gefangen und gegessen. Europa vereinigt im Fisch.

14

Oder jene Vision beim Wandern in der Slowakei. Die Gegend hieß slowakisches Paradies, aber ich finde, dort ist überall das Paradies. Nach sieben oder acht sehr anstrengenden Stunden Kletterns über Abgründe (wir hielten uns an gespannten Seilen) rasteten wir schließlich in paradiesischem Gras. In der Nähe floß ein Bach, ein kleiner Fluß, grünlich und sauber, auf dessen Grund man nicht nur jeden Stein, sondern auch jede Muschel und jedes Sandkorn sah. Es gab dort eine etwa eineinhalb Meter tiefe Stelle, einen Flußsee fast ohne Strömung, und dort sah ich die Leiche eines mir damals noch unbekannten Mannes.

15

Er tauchte auf, oder nein – er tauchte noch nicht auf, sondern trieb im Wasser wie ein totes Fischlein. Er war in der vorvergangenen Nacht erschlagen worden, und jetzt schauten alle, die nach der schweren Tour im Gras lagerten, aufmerksam in seine Richtung. Alle schauten, aber nur ich sah ihn. So wurde er zum Helden meines Romans. Wie alle meine Helden liebte er das Wasser, vor allem das Grün der Flüsse. Diese Farbe übt größte Anziehungskraft auf mich aus. So werde ich niemals vergessen, welche Farbe im Juli 1968 die Moldau bei Prag hatte, einen Monat, bevor das Panzergrün einmarschierte.

16

Augen von flußgrüner Farbe hatte Ada, die Heldin eines meiner anderen Romane. Ihr Liebhaber, übrigens ebenfalls Sternzeichen Fische, gestand, daß er »in ihr lag wie in einem Bergbach«. Jetzt verstehe ich auch, woher das kommt. Völlig ausgelaugt von der Augusthitze, rettete ich mich während ganztägiger Wanderungen durch die Karpaten manchmal in die Bäche, legte mich, Gesicht nach unten, hinein. Sie waren damals ziemlich ausgetrocknet, das Wasser reichte an den tiefsten Stellen nicht einmal bis zu den Knien, und so konnte man es nur lieben, indem man das Gesicht auf den grünen Donaugrund legte.

17

Oder nehmen wir den Mai dieses Jahres – eine Zeit, in der das Grün seine größte Dichte erreicht und seine Schattierungen noch nicht ans verlorene Paradies gemahnen. Wir fuhren zwischen zwei Ufern, dem linken, deutschen, und dem rechten, polnischen, durch Wälder, Wiesen und Hügel, fast menschenleer, obwohl auf polnischer Seite manchmal jemand angelte. Auf Deck wurden Vergleiche mit Sibirien laut: die Leere, die fehlende Zivilisation. Gut, daß keiner der Polen es gehört hat – in ihrer Gegenwart das Wort »Sibirien« aussprechen hieße, sie in ein völlig anderes Geflecht von Assoziationen zu ziehen.

18

Dafür gab es dann auf dem Rhein alles im Überfluß: urbane Landschaften ohne sichtbare Abgrenzung voneinander, Gotik vermischt mit Fabrikmonstern, eine postindustrielle Gemeinschaft von Natur und ehemaligen Stahlgießereien, die respektablen Städte Düsseldorf und Duisburg, der Kölner Dom, Moscheen, Apollinaire, Mercator, Afrika, Schiffe, Boote und Barken. Von den zwei Europas schien jenes, welches kürzlich das ALTE getauft wurde, sowohl praller als auch agiler. Wären da nicht diese Zeltlager am Ufer gewesen, diese Grüppchen, die bekleidet in der Sonne lagen.

19

»Obdachlose«, erklärte der Holländer Ad. »Wenn es wärmer wird, lassen sich ganze Kommunen am Rheinufer nieder, und das Leben in den Zelten an der frischen Luft, umgeben von Freunden, könnte einem sorgenfrei erscheinen. *Könnte* aber nur *erscheinen.*« Obdachlosigkeit zeichnet vor allem den Dichter aus. Der Sinn seiner Berufung liegt darin, das Gewohnte zu durchbrechen und sich gegen den Stillstand aufzulehnen. Echte Dichter sollten kein Heim haben und keine Verpflichtungen. Poesie heißt, alle Fesseln abzuschütteln, sich durch Gestikulieren zu befreien. Das antwortete ihm nicht ich, sondern Heine.

20

Der Rhein war der Fluß Heines, die Oder der Fluß der von Kleists. Dann tauschten sie die Flüsse, als Deutschland mal wieder vereint wurde. Überhaupt verbindet man Dichter gerne mit Flüssen oder, bissiger: man bindet sie an Flüsse. Schewtschenko an den Dnipro, Puschkin an die Newa, Celan an die Seine. Sicher haben auch die Rhône, die Loire und der Tajo ihre Dichter. An welchen Fluß wohl mehr Dichter gebunden sind: an den Rhein oder die Donau? Die Donau durchfließt mehr Sprachen, hat also größere Chancen. Doch auch am Rhein herrscht an Dialekten kein Mangel.

21

Aber die Donau kommt mir länger vor, denn sie berührt sogar uns in der Ukraine. Die Donau ist eine Art, Europas Grenzen anders zu definieren. »Das Land, aus dem ich komme«, erklärte der ukrainische Dichter Perfezkyj der ziemlich ignoranten europäischen Elite Anfang der neunziger Jahre in Venedig, »wird von Ost nach West von vier großen Flüssen bestimmt, von Don, Dnipro, Dnister und Donau. In jedem dieser Namen steckt das Sanskrit-Wort *dana*, also *Wasser.*« Dieser Beobachtung kann ich hinzufügen: die VIER FLÜSSE bilden eine fast vollkommene geographische Symmetrie.

22

Der östlichste von ihnen, der Don, fließt von Ost nach West, die beiden mittleren, Dnipro und Dnister, von Nord nach Süd und der westlichste, die Donau, von West nach Ost. Daraus ergeben sich zumindest zwei grundlegende Dinge. Erstens, daß Landkarten, gemäß der Idee des Allerhöchsten Kartographen, über eine eigene Metaphorik und Metaphysik verfügen und somit Kunstwerke sind oder sein sollten. Zweitens, daß *auch wir Atlantik sind.* Es gibt in der Ukraine keinen einzigen Wassertropfen, der nicht zum Atlantikbecken gehörte. Mit allen Arterien und Kapillaren sind wir an Europa gebunden.

23

Rußland ist da um einiges ambivalenter, und wenn damals Zar Peter die Schweden nicht von der Südküste der Ostsee vertrieben hätte, dann besäße Rußland außer den Quellen des Dnipro vielleicht überhaupt keinen Tropfen Atlantikwasser. Im Süden hat es den Don und dann noch den Kuban, aber das ist schon ein irgendwie zwielichtiges Rußland, das der Kosaken. Der größte Fluß des »europäischen« Rußland, die Wolga, fließt ins Kaspische Meer, gehört also überhaupt keinem Ozean an. Ist das nicht eine Metapher für eine eigene unabhängige (nicht europäische, nicht asiatische) Zivilisation?

24

Zurück zur Ukraine: Wenn Flüsse Grenzen sind, dann ist der Dnipro so eine Grenze, der größte und zentralste der ukrainischen Flüsse. Vor allem Landschaftsgrenze – waldige Hügel, die sogenannten *Berge* im Westen, also am rechten Ufer, und Ebene, Steppe oder Waldsteppe im Osten (linkes Ufer). Die rechtsufrige Ukraine ist »kulturell uralt«, traditionell-agrarisch-besiedelt; die linksufrige – besonders in ihrem südlichen Teil – kolonisiert-nomadisch, proletarisch, das ehemalige »Wilde Feld«. Die konfliktgeladenen Folgen dieser Teilung sind die Ursache der ukrainischen Unentschiedenheit.

25

Auf höchsten Ratsschluß nämlich erlaubt das linke Ufer es der Ukraine nicht, sich endgültig nach Europa, das rechte, sich endgültig nach Rußland auszurichten. Beide Antipoden aber sind im Alltagsleben so eng zusammengewachsen, daß keine Rede sein kann von einvernehmlicher Scheidung und der Verwandlung des Dnipro in eine andere, eine zwischenstaatliche Grenze. Bleibt, sich gegenseitig zu ertragen und immer fester zusammenzuwachsen. Daß ein solches Zusammenwachsen stattfindet, daran besteht kein Zweifel. Aber die Art, wie es stattfindet, treibt mich oft zur Verzweiflung.

26

Ich kehre deshalb lieber zu den Flüssen zurück, mit denen alles begann – zu Oder und Rhein. Die Oder bildet die Staatsgrenze zwischen Deutschland und Polen. Wir fuhren nach Norden, mit dem Strom, und man ließ uns in kleinen Gruppen an den einander gegenüberliegenden Ufern an Land, in die Städte und Dörfer. Ziel war, uns so oft wie möglich die Ufer wechseln zu lassen, damit wir spürten, wie durchlässig die Grenze geworden war. Die Grenzschützer beider Ländern behinderten uns nicht – wozu im neuen, eben erst vereinten Europa noch irgendwelche verdammte Kontrollen? Nur ich hielt den Verkehr auf.

27

Manchmal drängelte ich mich absichtlich vor, um die freie Schriftstellerbahn für einige Minuten zu blockieren. In meinem Paß gibt es keine lebende Stelle mehr – zu oft wurde er mit Stempeln traktiert (und vorher von allen Seiten durchleuchtet). Es ist schon ein besonderes Gefühl – in seinen *Rechten beschränkt* zu sein. Tatsächlich existiert die Staatsgrenze an der Oder nur noch wegen uns, den Bürgern des Möchtegern-Europa – auf daß wir nicht ungestempelt durch diesen freiesten der Kontinente schweifen. Schön, daß ich nicht ein einziges Mal durchsucht wurde. Man warf den gefangenen Fisch zurück ins Wasser.

28

In dieser Beziehung herrschte auf dem Rhein *absolute Freiheit*. Wenn nicht *Freiheit* im umfassenden Sinn, so doch zumindest Reisefreiheit. Für einen Schriftsteller ist reisen gleichbedeutend mit atmen, nicht nur professionelle Pflicht, sondern manische Abhängigkeit. Zwar überquerten wir die Grenze nur einmal, zwischen Duisburg und Nijmegen. Die durchlässigste Grenze ist aber eben die, die es nicht gibt. Das beste Gedicht – verbessert, umgeschrieben und durchgestrichen. Die beste Poesie – unausgesprochen. Das beste Lied – nicht zu Ende gesungen. Und der beste Fisch jener, der nicht gefangen ist.

29

Was ich hier geschrieben habe, ist der erneute Versuch, zum zweitenmal in denselben Fluß zu steigen, und nicht nur in einen. Zweifellos sind Flüsse für diese Welt ein Segen, manchmal aber auch ein Fluch. Jetzt aber vom Segen. Gut, daß es Flüsse gibt, daß sie etwas teilen – Ufer, Landschaften, Kulturen. Flüsse bürgen für Vielfalt. Gut aber auch, daß Flüsse verbinden – du stürzt dich kopfüber in die grüne Durchsichtigkeit irgendwo bei den Quellen, deine in Flossen verwandelten Hände durchpflügen unermüdlich den Widerstand des Wassers, und irgendwann erreichst du die Mündung, das Delta, den Ozean.

2004

What language are you from?

Der ukrainische Schriftsteller und die Versuchung der Vergänglichkeit

I

Diese Vorlesung stützt sich – soweit mir das mein extrem labiles System von Überzeugungen erlaubt – auf zwei Thesen. Vielmehr: nicht *System* und auch keine *Überzeugungen*, sondern nur ein paar chaotische Einfälle, die mir gerade hier und jetzt nicht völlig aus der Luft gegriffen scheinen. Ich muß also an Ihre Nachsicht appellieren. Und bitte untertänigst, in Betracht zu ziehen, daß alle meine weiteren Ausführungen auf die eine oder andere Weise geliehen sind, meist irgendwo abgelauscht. Ich höre gern Gesprächen anderer, weit gelehrterer Menschen zu und nehme etwas für mich mit – so spart man sich das Lesen und Reflektieren von Primärquellen, also vor allem Zeit. Und Zeit ist und bleibt für mich einer der Hauptakteure unseres Seins.

Meine erste These lautet, daß Sprache überhaupt und damit auch jede einzelne Sprache vergänglich ist. Wie ihre Träger, die Menschen, werden Sprachen geboren und sind sterblich. Hinzu kommen die mal stärker, mal schwächer ausgeprägten Zwischenstadien: Entstehung, Entwicklung, Niedergang und so weiter. Folglich ist auch die Sprache als *Kommunikationsmittel* vergänglich, was einen meiner ukrainischen Schriftstellerkollegen zu der Behauptung veranlaßte, die Existenz von Sprache sei rudimentär. So weit würde ich aber nicht gehen. Anstatt über Sprache im Allgemeinen zu reden, möchte ich mich ihren konkreten Erscheinungsformen zuwenden.

Ohne die Vergänglichkeit der Sprachen gäbe es keine Literatur. Literarische Texte entstehen in jeder Sprache vor allem als Rebellion gegen die Vergänglichkeit. Mag dieser Impuls dem, der schreibt, bewußt sein oder nicht: Alles literarische Schaffen ist Ausdruck des Überlebenskampfs der Sprache, ihre meist verzweifelte Selbstverteidigung. Literarische Texte bieten jeder Sprache die Möglichkeit, ihre eigene Existenz maximal zu verlängern. So gesehen ist der Schriftsteller eine Art Medium, das der Verzweiflung über die Vergänglichkeit Ausdruck verleiht. Wenn Ihnen dies zu metaphysisch klingt, dann bezeichnen wir ihn als Werkzeug, besser noch: als Agenten.

Die naheliegende Frage, wessen Agent er denn sei, läßt sich nicht so einfach beantworten. Die Pathetischsten werden sagen, er sei ein Agent der Ewigkeit. Was aber können wir von der Ewigkeit mehr wissen, als daß sie unmenschliche Kälte verströmt? Andere, die mit Gefühlen und Worten zurückhaltender umgehen, sagen, er sei ein Agent der Dauer. Doch man kann sich die Entwicklung der Sprache und mit ihr der Literatur kaum als eine in der Zeit sauber und linear abgewickelte logische Folge vorstellen. Jemand könnte noch sagen, er sei ein Agent der Beständigkeit. Das aber wäre nur ein bitterer Scherz: Was für eine Beständigkeit denn, wenn dieses, nennen wir es Gebäude, aus dem flüchtigsten Material besteht, das man sich vorstellen kann, nämlich nur aus Worten, Worten, Worten?

Ich würde den Schriftsteller einen Agenten der universalen Notfallrettung nennen. Auch seine Arbeit ist geprägt von

Manipulation, Künstlichkeit, hastigen Wiederbelebungsversuchen, panischem Kampf um jeden Atemzug. Indem er sich ausschließlich in konkreten Worten einer konkreten Sprache verwirklicht, gibt er – vielleicht sogar unfreiwillig? – dieser Sprache die Chance zu existieren. Das trifft besonders auf Sprachen zu, die seit Jahrzehnten, wenn nicht Jahrhunderten, zwischen Sein und Nichtsein balancieren. Wie zum Beispiel das Ukrainische.

Meine zweite These lautet, daß der Schriftsteller es mit der eitelsten der Eitelkeiten zu tun hat. Nirgends sonst als hier, in einer vorübergehenden, vergänglichen Konkretisierung, fühlt er sich wie ein Fisch im Wasser. Je größer die Aufmerksamkeit, die der Schriftsteller dem Vergänglichen schenkt, den winzigsten Details, Schattierungen und Allusionen, flüchtigen Trübungen, subjektiven Erleuchtungen, schwankenden architektonischen Ensembles, beweglichen Landschaften, Wanderzoos, Stadtplänen, Fahrplänen, Landkarten, Ansichtskarten, Hotelzimmern, Zigarettenmarken, Alkoholsorten, dem Duft, Geschmack und Beigeschmack sowie tausend anderen Stimulationen des Körpergedächtnisses, je größer also die Aufmerksamkeit, die der Schriftsteller all den *Biscuits Madeleine* schenkt, um so größer die Chance der Vergänglichkeit, ihre eigenen Grenzen zu überwinden.

Aufgrund dieser Eigenheit, besser gesagt Abhängigkeit, sind Schriftsteller so leicht zu verführen. Wer bereits gelernt hat, über den Versuchungen zu stehen, braucht nicht mehr zu schreiben. Er schweigt (und schreibt er doch, dann verdammt schlecht). Das Schreiben ist das Kondensat aller anderen Versuchungen: Macht, Erkenntnis, Herrschaft, Sex, Scheinwelten. Alle genannten und ungenannten Dämonen

konzentrieren sich im Schreiben. Das Schreiben selbst ist also Super-Versuchung.
Heute möchte ich einmal laut darüber nachdenken, was diese Super-Versuchung für den ukrainischen Schriftsteller bedeutet, einen, der in ukrainischer Sprache schreibt. Ich will vor allem der Versuchung, ukrainisch zu schreiben, nachgehen. Diese Versuchung ist gerade erst zweihundert Jahre alt geworden – eine Zeitspanne, die man mit Fug und Recht als *völlig unbedeutend* bezeichnen kann.

2

1798, das Jahr des stolzen Absterbens des Barock und des blasierten nach-aufklärerischen Klassizismus, schenkte der künftigen Ukraine den Beginn ihrer Literatur, und zwar in Form des mit dem Autor nicht abgestimmten, also räuberischen Drucks der ersten drei Teile der *Aeneide*, eines unglaublich einfallsreichen und fröhlichen Buchs. Die Komik der *Aeneide* besteht vor allem in der Vereinigung des Unvereinbaren: zwei weit auseinander liegende historische und poetische Welten, nämlich das Vergilsche Epos und die komisch-parodistischen, betont profanen Verse der Kosaken und Studiosi werden aufs witzigste miteinander verwoben. Literaturhistoriker unterstreichen unisono den burlesken Travestie-Charakter dieses ersten ukrainischen Poems.
Der Autor der *Aeneide*, Iwan Kotljarewskyj, war ein Vertreter der damaligen *Mittelklasse*: Provinzbeamter und Offizier im Ruhestand, ein Typ, raffiniert genug, um seine eigene Epoche mit Spott zu übergießen. Dieser Spott schmeckt

nach intellektueller Rache: Es ist das Gelächter einer kolonialisierten Kultur über die imperiale, von der sie kolonialisiert wurde. Aber auch Gelächter über sich selbst – weshalb wir in der *Aeneide* eine im damaligen klassizistischen Kontext ungewöhnliche ethische und ästhetische Ambivalenz finden.

Kotljarewskyjs Person verdient auch deshalb Beachtung, weil dieser unbändig fröhliche wandernde Hauslehrer, Liebhaber der Kochkunst, des Alkohols und der Karten (nicht nur Landkarten) vor zweihundert Jahren im Alter von neunundzwanzig, auch für ihn selbst überraschend, zum Autor des ersten ukrainischen Buchs der Welt wurde. Im Laufe seines Lebens beschäftigte er sich mit vielen mehr oder weniger wichtigen Dingen – er unternahm Versuche zu heiraten, diente in der Armee, kämpfte gegen Napoleon, schrieb die *Aeneide* zu Ende, wobei er immer fester an den Ernst des begonnenen Spiels und an die Unumkehrbarkeit seiner Mission glaubte; dann leitete er ein Theater, schusterte dafür die *ersten nationalen* Vaudevilles zusammen, kritzelte alle möglichen *Fürstenoden*, sammelte kulinarische Rezepte; in seinen letzten zwei Jahrzehnten tauchte er kopfüber in die Mystik ein, begeisterte sich für parachristliche Symbolik und übersetzte das Evangelium, vielleicht aber auch nur französische *Handbücher zum Evangelium*. Wenn Genialität eine Kreuzung aus Mißverständnis und Zufall ist, dann haben wir es hier mit Genialität zu tun.

Natürlich kann man den Anfang der Literatur auch woanders suchen. Indem man Mythen vom ERSTEN BUCH, dem KOSMOS-BUCH, einem nationalen BUCH DES SEINS konstruiert, landet man bei Veles und Nestor, Monomach und Bojan, vielleicht auch bei Ilarion oder jenem tapferen irischen Mönch Riangabar, der das mittelalterliche Kiew vor den Mongolen verteidigte; man landet bei unzähligen anderen Liedern, Lehrgedichten, Klagen und Legenden, kann diesen Anfang immer weiter in die Tiefe der Vergangenheit projizieren, bis hin zu irgendwelchen, sagen wir, sumero-akkadisch-indo-arischen Ursprüngen und Urquellen, natürlich kann man auch endlos raffinierte Fälschungen produzieren – überall finden sich Parallelen, Ähnlichkeiten, Hinweise und etymologisch-komparatistische Verkupplungen.

Mir aber gefällt gerade der Anfang mit Kotljarewskyj. Es gefällt mir, daß die ukrainische Literatur scherzhaft begonnen hat – als pure Unterhaltung für einen engen Freundeskreis und Gäste, die sich immer montags in Kotljarewskyjs Haus in Poltawa an der üppigen Tafel versammelten (Gerichte und Getränke finden Sie in der *Aeneide* ausführlich beschrieben). Irgendwo zwischen Likör, Zigarrenschmauchen und traditionellem Boston- oder Whist-Spiel fand sich Raum für das Vorlesen neuer Episoden. Die *Aeneide* wurde als Fortsetzungsroman geschrieben, von Empfang zu Empfang, von einem öffentlichen Anlaß zum nächsten. Ein ausuferndes Projekt: Kotljarewskyj brauchte dafür fast genauso lang wie Goethe für seinen *Faust* – wenn diese Parallele nicht allzu verwegen wirkt.

Mir gefällt, daß der Autor dieser gereimten Provokation ein Salonlöwe war, daß seine Vulgarismen das Ukrainische bei der Oberschicht in Mode brachten und daß ihn die Mächtigen dieser Welt immer mit so einträglichen Pfründen bedachten, daß er sein Schaffen nicht als *Opfer* betrachten mußte. Mir gefällt, daß dieses Schaffen ungezwungen war. Also frei.

Außerdem gefällt mir, daß er wie Mozart Freimaurer war, Mitglied der Loge »Liebe zur Wahrheit«, die ihrerseits zur Großloge »Asträa« gehörte. Kotljarewskyjs Geheimname in der Loge war »Schöngeist« – wieder ein Wortgewebe aus anderem, ungewohnten, bisher nicht offiziell bekannten Material. Ein System geheimer Zeichen, Ringtausch, esoterische Kartenséancen und kultisch-musikalische Abende – all diese Attribute passen sehr gut zu Kotljarewskyjs brillant-oberflächlicher Seele. Übrigens warte ich schon lange auf die ersten Schülerreferate zum Thema »Die ukrainische Literatur als Geburt der freimaurerischen Weltverschwörung«.

Und schließlich gefällt mir auch, daß sie, diese Literatur, mit einem Raubdruck als Bestseller begonnen hat. Der Umstand, daß die vielen Auflagen der *Aeneide* erfolgreich verkauft wurden, veranlaßte den Autor in einer der nächsten Teile des Poems, der Wanderung des Aeneas in die Hölle, den Petersburger Raubdrucker zu ewigen Qualen zu verdammen. Marginalien der Geschichte, dieser zumindest, sind außerdem zwei Kaiser – Alexander und Napoleon. Der russische schenkte Kotljarewskyj einen Diamantring, den Rang eines Majors und eine Pension. Der französische griff sich, als er Moskau verließ, noch schnell ein Exemplar der *Aeneide*, sei es als Talisman oder als in esoterischen Buchstaben niedergeschriebener heiliger Text. Von all dem geht ein besonderer Zauber aus: Gut, daß die Literatur in der Sprache, die noch heute Ukrainisch genannt wird, genau so ihren Anfang nahm – fröhlich, verspielt und räuberisch.

3

Auch zweihundert Jahre nach Kotljarewskyjs kecker Provokation bleibt es dieselbe süße Versuchung, ukrainisch zu schreiben. Dank dafür gebührt vor allem dem russischen Imperium in all seinen historischen Ausformungen, die Sowjetunion inbegriffen. Die Geschichte der ukrainischen Literatur in den Grenzen dieses Imperiums ist die Geschichte von Verboten und Beschränkungen. Ohne Übertreibung wage ich zu behaupten, daß es die Geschichte von Zensur und – parallel dazu – *Samvydav** ist. *Das Gespenst des ukrainischen Separatismus und der Unabhängigkeitsstreberei* tauchte überall dort auf, wo das intellektuelle Leben ohnehin schon durch Verdächtigungen und Bespitzelungen vergiftet war. Zwischen den Verbote verkündenden Zirkularnoten der russischen Polizeiminister, Zeitgenossen von Maeterlinck und Rimbaud, und den Totalsäuberungen der Schriftstellerkreise in den frühen dreißiger Jahren durch die roten Tschekisten, Zeitgenossen Rollands und Gides, liegt nicht nur ein halbes Jahrhundert, sondern auch ein zeitloser Abgrund des dramatischen, erschöpfenden Kampfes von System und Individuum. Das System hat natürlich gewonnen. In dem Sinne, daß sich die ihrer autonomen, freien Existenz beraubte Sprache nicht in autonomen, freien literarischen Texten realisieren konnte. Aufbauend auf meine beiden Thesen heißt dies, daß es ihr nicht gelang, die Grenzen der eigenen Vergänglichkeit zu überwinden – sie unterlag dieser Vergänglichkeit vollkommen

* Das ukrainische Wort für russ. Samisdat (»Selbstverlag«). Alles, was unzensiert und illegal veröffentlicht wurde.

und umfassend und schaffte es einfach nur zu überleben, mehr nicht.

Die Form, in der Sprache überleben kann, ist die Poesie. Der letzte der *großen ukrainischen Dichter* (dieser Begriff hat für mich ganz besondere, traditionell messianistische Konnotationen), Wasyl Stus, wurde im gar nicht so fernen Jahr 1985 im Straflager vernichtet, zu Zeiten des gar nicht so strengen, in seinen Herrschaftsmethoden gar nicht so grausamen Generalsekretärs Gorbatschow.

Paradoxerweise verhinderten die imperialen Präventivmaßnahmen aber gleichzeitig, daß die ukrainische Sprache alt und müde wurde. Und heute, wo sie wie vor zweihundert Jahren auf der erstaunlich unbeständigen Grenze zwischen Wiedergeburt und Mißgeburt balanciert, verfügt sie auch weiterhin über all jene Wesensmerkmale, die den in Versuchung geratenen Schriftsteller betören: Unfertigkeit, Weite, Ambivalenz, Formbarkeit und vor allem – Omnipotenz oder, wie es mein Kollege Taras Prochasko ausdrückt: *Totipotenz*, Allmöglichkeit.

Daher rede ich von der betörenden Jugend meiner Sprache. Im großen und ganzen ist sie weiterhin nach allen Seiten offen. Lassen Sie mich Ihnen ein Geheimnis verraten: Die Schriftsteller sind es, die heute verabreden können, was man morgen als diese Sprache bezeichnen wird.

4

Ein weiterer von ihrem kolonial-postkolonialen Status und vom Imperium beförderter Vorzug der Sprache des ukrainischen Schriftstellers ist ihre Verborgenheit. Verborgen-

heit, nicht Verschlossenheit. Was ist darunter zu verstehen?
Die überwiegende Zahl meiner westlichen Kollegen vertritt die Überzeugung, daß es diese Sprache entweder gar nicht gibt oder daß es sich bestenfalls um eine Variante des Russischen handelt, die aufgrund der politischen Konjunktur des vergangenen Jahrzehnts künstlich geschaffen wurde. Etwas weiter geht, zum Beispiel, die Microsoft Encarta Encyclopedia, aus der wir erfahren: »Ukrainian is the official language of Ukraine. It also is spoken in parts of nearby countries, such as Poland and the Czech Republic. *It is very similar to Russian.* Ukrainian uses the Cyrillic alphabet.«
Ich stelle mir einen Interessierten aus, sagen wir, Cambridge, Vereinigtes Königreich, vor, der, warum auch immer, in seiner Freizeit mit Hilfe von Microsoft irgend etwas über *Ukrainian* herauszufinden versucht. Und die Autoren dieser ziemlich praktischen und häufig benutzten Enzyklopädie geben ihm eigentlich nur ein Merkmal an die Hand: *It is very similar to Russian*. Mein Amateur gibt sich mit dem Erreichten nicht zufrieden. Er klickt den Link »Russian« an, um durch dessen Definition besser zu verstehen, was »Ukrainian« ist. Und liest, daß »Russian is the official language of Russia. It also is spoken in a number of nearby countries. Written in the Cyrillic alphabet, which was developed from Greek, Russian is known for its many long words.« Wunderbar, sagt der Sucher nach Information (alias Wahrheit). Ukrainisch ähnelt dem Russischen sehr. Das Russische ist bekannt für seine vielen langen Wörter. Ergo hat auch das Ukrainische viele lange Wörter?
Vielleicht stimmt das ja – ich habe die durchschnittliche

Länge eines ukrainischen Wortes nie berechnet. Es geht mir um etwas anderes.

Die ukrainische Sprache ist verborgen, denn sie steht tief im Schatten der russischen Sprache, im Schatten von etwas viel Größerem, Bedeutenderem, Bekannterem, Mächtigerem und entsprechend im kollektiven Weltbewußtsein auch unvergleichlich Präsenterem.

Warum aber halte ich diese Verborgenheit der Sprache, zweifellos ein Hindernis auf ihrem Weg zu weltweitem Erkannt- und Anerkanntwerden, gleichzeitig für einen Vorteil?

Ich würde gerne detaillierter auf diese Frage eingehen und mich dabei solcher Ephemeriden bedienen wie Überraschungspotential, Informationsdurchbruch oder Kulturrevolte. Verborgenheit kann zu einer Konzentration von Qualität führen, besonders in der Literatur. Und diese Qualität wird mit explosionsartiger Wucht sichtbar, sobald wir aus dem Schatten treten. Oder ganz taoistisch (Entstehen, Vergehen, Absterben): Man wird uns dann anerkennen, wenn wir reif dafür sind.

Aber ich will Sie nicht mit abstrakten Spekulationen belasten. Tatsächlich nämlich ist in all das ein ziemlich schmerzhafter Knoten geknüpft.

5

Vor kurzem habe ich mir auf Video einen Film angesehen, den deutsche Journalisten für »Arte« gedreht haben. Der Film zeigte das »noch unbekannte Europa« – die westukrainische Stadt Lemberg, ihre bergige Umgebung, karpatische Zauberer, die noch von den kaiserlich-königlichen Geographen bestimmte »Mitte Europas« und andere Reize jener Welt, in der ich lebe, aus der ich in regelmäßigen Abständen fliehe und in die es mich immer wieder zurückzieht. Der Film war durchaus – das ist das richtige Wort – *nett*, wahrscheinlich genau das, was die von ihren Kanaren und Mallorcen übersättigten Touristen aus »Europa Nummer eins« brauchen: viel Architektur, Bäume, malerische Ruinen und Friedhöfe, altertümliche Straßenbahnen, die grüne Farbe der Hoffnung, lebendige Straßenszenen, Cafés, Märkte. Ich ertappte mich dabei, daß ich, wäre ich nicht in dieser Weltgegend geboren, sicher Lust bekommen hätte, sie kennenzulernen.

Trotzdem lag da eine Mine versteckt, gab es im Film etwas, das meine durchaus wohlmeinende Miene zu einem schiefen Grinsen verzerrte. Also wirklich – schon wieder diese alten Frauen in Kopftüchern! Sie füllten die Stadt; der Starrsinn, mit der die Kamera sie immer wieder suchte und fand, war nur manisch zu nennen. Alte ukrainische Omas – ärmlich, aufgeschwemmt und zahnlos, schlecht gekleidet, mit erloschenen Augen, manchmal bettelnd, meist aber – sterbend.

Ich begehrte innerlich dagegen auf, denn Lemberg ist für mich die Stadt, die ich jetzt und für alle Zeit mit Jugend assoziiere. Und ich bin überzeugt, daß es dort keinesfalls mehr Gesichter alter als Beine junger Frauen gibt. Lemberg ist unheimlich erotisch, es knistert von Flirts, Tänzen, Blikken. Wie konnte man das nur übersehen?

Da aber beruhigte mich der nicht sehr originelle Gedanke, daß jeder in einem neuen Land vor allem das sieht, was er erwartet. Als ich zum ersten Mal nach Amerika kam, sah ich Wolkenkratzer. Die deutschen Kameraleute wußten, als sie zu uns kamen, daß das Land arm ist, die Bevölkerung ausstirbt und die alten Frauen a) von fünfundzwanzig Mark im Monat leben und b) Kopftücher tragen. Daher wandten sich ihre Kameras wie hypnotisiert dem Erwarteten zu.

6

Das eigentliche Problem der Beziehung des zeitgenössischen ukrainischen Schriftstellers zur Außenwelt besteht aber gar nicht in diesen privaten Stereotypen. Meistens beginnt es damit, daß die westlichen Kollegen oder – weiter gefaßt – das sogenannte *Lesepublikum* –, nicht an die Existenz seiner, des Schriftstellers, Sprache glauben (das haben wir nun von der komfortablen Verborgenheit im russischen Schatten!).
Im besten Falle ordnet man diese Sprache als Variante des Russischen ein, davon war schon die Rede. Eine andere, nicht weniger verbreitete Vorstellung besagt, daß es sich um eine vor allem im letzten Jahrzehnt, nach Erlangung der sogenannten staatlichen Unabhängigkeit künstlich geschaffene und aufgepfropfte Simulation von Sprache handelt, die für offizielle Regierungsdokumente taugen mag. Echte Literatur aber kann nicht aufgepfropft werden – ihr Wesen liegt im freien Atmen und in ihrer Ungezwungenheit, wofür Iwan Kotljarewskyj der beste Beweis ist.
Darin besteht die größte Aufgabe, das packendste Drama des zeitgenössischen ukrainischen Schriftstellers: Er muß der ganzen Welt, vor allem aber sich selbst beweisen, daß die Sprache, in der er schreibt, alles andere als eine Erfin-

dung von Bürokraten aus jüngster Zeit und auch keine Halluzination irgendwelcher schimärischer Separatisten ist. Als müßtest du in einer erlesenen, fröhlich lärmenden Gesellschaft, wo dich partout keiner bemerken will, jedesmal laut wiederholen: Ich bin. Da ist es ziemlich schwer, sich Gehör zu verschaffen, ohne ins Falsett zu verfallen.

7

In all dem liegt aber auch ein tröstlicher Gedanke: Die Provinz, die ihre eigenen Grenzen überwindet, ist unbedingt verführerisch. Die ukrainische Provinz verführt doppelt, denn sie ist Provinz der Provinz – dessen, was ukrainische Metropole heißt. Man weiß ja: Das Interessanteste geschieht an marginalen Orten, den Rändern und Außenbezirken, an den schmerzenden Nähten, den »Ukrainen«.

8

Die Zentren aber sehen das anders.

Ich entsinne mich einer Episode während eines der unzähligen Seminare des vergangenen Jahrzehnts – nennen wir es beispielhaft »Ost-West-Gespräche«. Das Seminar fand auf *beispielhaft* ost-westlichem *Übergangs*-Gebiet statt, also in Wien, und wie immer ging es um die Verführung, also darum, wie Autoren aus Osteuropa auf dem westlichen Buchmarkt erfolgreich sein können. Daher waren aus dem Osten Schriftsteller geladen (wie vereinbart – Agenten der Notfallrettung), aus dem Westen nur Agenten und Manager. Die einen hörten zu, die anderen gaben Ratschläge. Mehr Liebesromane, forderten sie. Und weniger Ornamentalistik – versuchen Sie, mit hundert Manuskriptseiten auszukommen.

Eine gewisse Dame aus Frankreich riet den osteuropäischen Kollegen, zuallererst ihre Vor- und Nachnamen zu ändern. Mit solchen Namen brauchen Sie von Popularität nicht mal zu träumen, versicherte sie. Man kann sie ja überhaupt nicht lesen, geschweige denn aussprechen. Diese sperrigen Konsonanten, absurden Zischlaute, diakritischen Zeichen und so weiter, da stößt schon der Umschlag Ihren potentiellen Leser ab. Ihre Namen muß man sich leicht merken können, wie zum Beispiel *Kundera*.

Zweitens, fuhr sie fort, wäre es sehr nützlich, wenn jeder von Ihnen eine der Weltsprachen erlernen würde, vorzugsweise Französisch, und zwar so gut, daß Sie Ihre weiteren Werke in dieser Sprache schreiben können. Von einer peripheren in eine Weltsprache wechseln heißt, ein Ghetto hinter sich lassen. Glauben Sie mir, daß sich Ihnen ungeahnte Perspektiven eröffnen werden (und wie seine Agentin, die sie wohl auch war, erwähnte sie zum zweiten Mal *Kundera*).

Es gibt noch ein »drittens« – einer der Autoren sprang auf, Bewohner eines im Zweiten Weltkrieg liquidierten oder vielleicht auch gegründeten osteuropäischen Staates. Den Namen und die Sprache zu ändern genügt nicht, um Erfolg zu haben, sagte er erregt. Man muß auch aufhören, man selbst zu sein.

Die Dame aus Frankreich verstand offenbar nicht, was er damit sagen wollte.

Ja, was denn eigentlich? Aufhören, man selbst zu sein?

Auch ein Ausweg. Nur ob es dir dann gelingt, den Sinn der Botschaft zu bewahren? Gebannt von Eitelkeit und Vergänglichkeit versuchst du, aus den vergänglichen Worten der dir einzig möglichen, vergänglichen Sprache dein hoffnungsloses Argument für etwas Dauerhafteres zu formulieren.

9

Ich verfüge über einen ungewöhnlich langen und unleserlichen Nachnamen, den zudem jede europäische Sprache anders schreibt. Ich beherrsche keine der Weltsprachen so gut, daß ich mich in ihr frei bewegen oder auch nur einen Liebesroman von hundert Manuskriptseiten schreiben könnte. Ich kann nicht aufhören, ich selbst zu sein, so gern ich auch anders wäre – geistreich, leichtsinnig, kosmopolitisch.
Ich lebe in einem Land, das mich nicht losläßt. Es hat sich an meinen Rockschößen festgekrallt, bereit, mich mit seiner großen Liebe in Stücke zu reißen. Ich muß Gleiches mit Gleichem vergelten: diese besondere schnapsselige Warmherzigkeit lieben, dieses gespenstische Licht, die Leute, die keinem meiner Worte glauben wollen, und diejenigen, denen meine Worte völlig schnuppe sind, ich muß Zeuge werden, wie Worte aufhören, überhaupt irgend etwas zu bedeuten, ich muß immer tiefer in Pessimismus versinken, den Zustand des Wachkomas lieben, diesen Sumpf, aus dem man sich nicht befreien kann, ich muß dieses mein letztes Territorium lieben, auf dem ich bisher keine Beute mache. Solange es, mein Heimatland, mich triumphierend an der Gurgel gepackt hält, bin ich dazu verdammt, meine ver-

gänglichen Worte auszustoßen. Diese ganze Liebe ist offen gestanden eine Form von Haß. Und der Haß eine Form von Liebe. Bei uns wundert das allerdings niemanden: klingt doch ganz normal.

Ich verberge mich in der Sprache, sie gibt mir politisches Asyl. Dieses Asyl erinnert jedoch nur entfernt an einen Turm, schon gar nicht aus Elfenbein – es ist eher eine unfertige, klapprige Bruchbude, die mir keinen Schutz bietet, eher umgekehrt. Alles, was ich zu ihrem Schutz aufbieten kann, sind wiederum ihre eigenen Ressourcen, und meine Aufgabe ist es, diese aus ihr selbst zu gewinnen und Stück für Stück ihre Zukunft zu verlängern. Ich denke, zusammen halten wir noch ein bißchen durch.

Mir bleibt, allein zu bleiben und mich darauf zu konzentrieren, gut zu schreiben. Dafür gibt es keine Rechtfertigung; keine Ewigkeit wird wohl davon Notiz nehmen. Es geht immer und überall um dasselbe: darum, daß deine Bemühungen deinen Versuchungen angemessen sind.

2002

Ein Versteck für Boccaccio

Ein Versteck für Boccaccio

Ehrlich gesagt ziehe ich in letzter Zeit das Hören dem Lesen vor. Wahrscheinlich werden meine Augen mit den Jahren immer müder und meine Ohren sensibler. Vielleicht bergen Bücher auch keine Überraschungen mehr für mich, Musik hingegen schon. Wenn ich die Wahl habe, gehe ich nicht in eine Buchhandlung, sondern in einen Plattenladen. Und wenn ich in Berlins Friedrichstraße der Verlockung nachgebe und das Kulturkaufhaus Dussmann betrete, wird man mich mit Sicherheit nicht bei den Bücherregalen finden. Gelegentlich behaupte ich, daß ich von Kind auf eigentlich Musiker werden wollte und nur Schriftsteller geworden bin, weil ich kein anderes Instrument erlernt habe als die Sprache.

Das war nicht immer so. Wie für jeden von Ihnen hat es auch für mich einmal Bücher gegeben, die ich im wahrsten Sinne des Wortes verschlang. Oder die meinen Herzschlag beschleunigten und noch so einiges andere bewirkten, Erektionen eingeschlossen. Als ich zwölf Jahre alt war, brachte ich den heimlich aus der elterlichen Bibliothek eines Freundes entliehenen *Decamerone* Boccaccios heimlich mit nach Hause. Ein dicker, illustrierter Band, »luxuriös ausgestattet«. Angesichts der auf den Bildern dargestellten Frauen war das Epitheton »luxuriös« absolut angebracht. Heimlich – zum dritten Mal benutze ich dieses Wort – las ich das Buch während der Sommerferien und geriet ins Schwitzen – nicht nur wegen der Hitze. Ende August fuhr ich für ein paar Tage weg, und als ich zurückkam, war ich entdeckt. Dabei hatte ich geglaubt, für Boccaccio das ideale Versteck gefunden zu haben: im Kasten unter dem Klappsofa, dort, wo sich über die Jahre aller mögliche Plunder angesammelt hatte, darunter auch Stöße alter Fotografien. Ich konnte ja nicht ahnen, daß mein Vater Ende August (Wechsel der Saison?) plötzlich auf die Idee verfallen würde, in diesem Plunder Ordnung schaffen zu wollen. Ich fühlte mich, als hätte er mich beim Masturbieren erwischt. Obwohl der *Decamerone* zweifellos ein *Höhepunkt des Weltschrifttums* ist, was schon dem Umschlag des Buches zu entnehmen war. Mein Vater hätte sich also eigentlich über seinen Sohn freuen müssen, der solche *Höhepunkt-Literatur* las. Aber mein Sündenfall bestand gerade darin, daß ich dieses Buch versteckte, besser gesagt verbarg – und gar nicht einmal so sehr das Buch als meine fortschreitende Geschlechtsreife.

Boccaccios *Decamerone* kommt einmal auch in den *Abenteuern des braven Soldaten Schwejk* vor – an der Stelle, wo der ewig sternhagelblaue Feldkurat Otto Katz seinem Burschen Schwejk befiehlt, ihm die Bibel ans Bett zu bringen. Schwejk schiebt ihm den erstbesten gewichtigen Band unter, und der befriedigte Feldgeistliche schläft mit dem *Decamerone* in den Händen ein. Mein Vater und ich liebten den *Schwejk* sehr, jeder hatte ihn ungefähr dreizehnmal gelesen, und in der ersten Hälfte der Siebziger erinnerten unsere Dialoge an ein Ping-Pong der Zitate. »Ich möcht gern wissen, Sie Meerschwein, was Sie jetzt wohl denken!« sagte mein Vater. »Melde gehorsamst, ich denke überhaupt nicht«, antwortete ich. Und wir lachten, nein, wir bekamen Seitenstiche vor Lachen. Mein Vater und ich waren die besten Freunde, weil uns dieselben Bücher gefielen.

Jetzt schreibe ich diese Zeilen im holsteinischen Siggen, zu Gast bei einer bekannten Mäzenatenfamilie aus Hamburg, auf deren Landgut man mich nie eingeladen hätte, wärc ich nicht zufällig Schriftsteller geworden. Ich bin jetzt genauso alt wie mein Vater, als er und ich Tag und Nacht nichts anderes taten, als den *Schwejk* zu zitieren. Aber das wollte ich gar nicht sagen – vor einer Stunde bin ich in die hiesige Bibliothek geraten und unter den Hunderten von Bänden sofort auf den Roman gestoßen, den ich »das wichtigste Buch in meinem Leben« nennen würde (manchmal nenne ich ihn wirklich so). Ich wußte nicht, daß er auf deutsch *Schau heimwärts, Engel!* heißt. Er stammt von dem amerikanischen Schriftsteller Thomas Wolfe, und ich mag sechzehn gewesen sein, als ich ihn zum ersten Mal las; seitdem habe ich das Buch immer in meiner Nähe – es hat mein Weltempfinden geprägt (obwohl niemand weiß, was das ist, ein »Weltempfinden«).

Aber in den Tagen, als mein Vater im Krankenhaus im Sterben lag, saß ich bei ihm zu Hause am Telefon und wußte, alles ist umsonst, niemand wird hier irgendwen noch retten können, und das einzige, was mir bleibt, ist, zum dreizehnten Mal diesen merkwürdigen Roman von Thomas Wolfe zur Hand zu nehmen. Das passiert uns ganz instinktiv – so, wie man im Dunkeln nach etwas Unsichtbarem tastet.

2005

Mehr als Worte, mehr als Schweigen

Über seine Lieblingsdichter muß man genauso gut schreiben wie über alle anderen, nur besser, kalauerte kürzlich ein Bekannter. So geht es mir mit dem Dichter Ihor Kalynez. Und diese Zeilen sind vor allem Ausdruck meiner Dankbarkeit.

Ich beginne mit etwas sehr Entferntem und Persönlichem. Anfang der Achtziger, als er nach neun Jahren Haft und Verbannung nach Lemberg zurückkehrte, wußte ich fast nichts über ihn, obwohl ich wahrscheinlich durch dieselben Straßen ging und auch die Stefanyk-Bibliothek besuchte, wo er damals arbeitete, ich glaube, als *technisches Personal*. Alle möglichen Gerüchte waren über ihn im Umlauf (Lemberg ist die Stadt der Gerüchte), über Dissidenten-Dichter, geheime Versammlungen auf dem Teufelsfelsen, die Supergruppe »Vujky« und eine Rock-Oper »Stepan Bandera«. In dieser zähen, von Dünsten und Geraune erfüllten Atmosphäre einer wundersam verrückten Stadt suchte ich mich selbst und mied alle denkbaren Götzen.

Etwas später, im Frühling des Jahres dreiundachtzig, hatte ich eine der stärksten poetischen Erschütterungen meines Lebens. Es geschah in einer heruntergekommenen, von erstem Aprilgrün überwucherten Lemberger Villa mit Turm, deren damaliger provisorischer Bewohner, der Zen-Buddhist Mykola Jurijowytsch Rjabtschuk, mich wieder einmal mit seinem unerschöpflichen Schatz verbotener Früchte überwältigte, vor allem aus dem *Samvydav* (eine Art alternative Vorlesungsreihe zur ukrainischen Literatur). Band um Band, Titel um Titel, Gedicht um Gedicht – auf Butterbrotpapier, im A5-Format – , der fünfte, schon fast unleserliche Durchschlag: »Tür zum Mysterienspiel«, »Andenken an die Welt«, »Krönung des Popanzes«, »Bilanz des Schweigens« ... Ja, es war die Prä-Xerox-Periode, und selbst private Schreibmaschinen mußten an speziellen Orten speziell registriert werden.

Dies gibt mir die Gelegenheit, mich vor einer ganzen Armee von Abschreibern und Vervielfältigern, Kurieren und Verteilern zu verbeugen, vor diesen komischen Lemberger Frauen und Männern, diesen Nonnen und Mönchen einer neuen Zeit, dieser geheimen Widerstandsindustrie, vor Dutzenden und Hunderten konspirativer Intellektueller oder nur spinnerter Liebhaber der Poesie, vor allen möglichen Ärzten-Ingenieuren-Conciergen-Studenten, die diese Auflagen, all die geheimen Bibliotheken und Buchreihen, überhaupt erst ermöglichten und dabei unaufhörlich sich selbst und ihre Freunde und Verwandten in Gefahr brachten. Ihnen verdanken wir, daß unsere Literatur nicht nur anders *hätte sein können*, sondern anders *war* als die damals – und auch heute noch! – offiziell in Umlauf befindliche ordensgeschmückte Parteischlampe.

In Rjabtschuks Klause habe ich »den ganzen Kalynez« in einem Atemzug gelesen (ob acht Bände oder neun, weiß ich nicht mehr – alles, was da war), ich las die ganze Nacht und einen Großteil des folgenden Tages, und seitdem assoziiere ich seine Poesie mit offenem Fenster, erstem Aprilgrün, Vogelgezwitscher und dem Wind der Erwartung. Sofort wollte ich mir das alles abschreiben. Ich hatte jemanden kennengelernt, den ich auf Anhieb wahnsinnig liebte, nicht nur um der Poesie, sondern auch um des Geheimnisses willen. Das Geheimnis hieß Leben und begann gleich vor dem Fenster.

Es stimmt, daß er damals, in jenem Moment, ganz in der Nähe war, irgendwo in Lemberg. Es stimmt auch, daß er damals schon keine Gedichte mehr schrieb. »Nach 1981 verstummte ich als Dichter, und jetzt bin ich der Impresario des ehemaligen Ihor Kalynez«, lesen wir in seinen »Autobiographischen Anmerkungen«. Soviel ich weiß, dauert dieses Schweigen bis heute – ein weiteres Geheimnis. Woher kommt die Poesie? Wohin geht sie? Was sollen wir anfangen mit diesem Leben, wenn die Poesie daraus verschwunden ist? Und was mit dem Leben anfangen, wenn die Poesie es nicht verläßt?

Die siebzehn Gedichtbände von Ihor Kalynez sind zweifellos eine eigene Welt. Ihr Entstehen wurde begünstigt durch die ganz besondere Freiheit, eigene Kodizes und Klassifikationen zu schaffen, Synonymreihen, seelische Transgressionen. Dazu seine phänomenale Fähigkeit, sich an der ihm geschenkten Sprache zu ergötzen. Und obwohl jedes Buch unter einem anderen konstruktiv-stilistischen Vorzeichen steht (man spürt es, merkt es immer, denn Kalynez ist ein großer Ästhetiker), widerspricht doch gleichzeitig keines dem anderen, und in jedem erkennt man sofort den einzig möglichen Verfasser. Den ewig Edlen, den Herrn der Freiheit, Ritter vom Orden der Bußunfertigen, den Kalyna* – Dandy der Gefängnisse und Lager, eine lautere Persönlichkeit. Vielleicht wird noch einmal über sein EINES BUCH geschrieben werden.

* Kalyna – Schneeballstrauch; mit seinen roten Beeren Symbol der ukrainischen Nation und ihrer Kultur

Heute geht es mir um Dankbarkeit. Wie gut, daß ganz in der Nähe ein Edler wohnt. Daß er unbeugsam und nicht käuflich ist. Daß es in dieser verrohten Welt die Fähigkeit zum Widerstand gibt, ausgedrückt in Zeilen, Rhythmen, Gesten, *im Blinddruck* der Samvydav-Hefte, in Neuauflagen und Übersetzungen in andere (glücklichere?) Sprachen. Gut, daß sie auch im Schweigen zum Ausdruck kommt – manchmal sagt es mehr als die wortreichste Sprache.
Zum Schluß etwas ganz Persönliches. Manchmal hat man das große Bedürfnis, Schüler zu sein. Ich danke Kalynez dafür, daß er mir diese Möglichkeit gab.

1999

Das absolute Gehör

Meine Erinnerung flüstert mir ein, ich sei eines Morgens in einem entsetzlich kalten, mit fahler Novemberfeuchte gefüllten Zimmer erwacht. Das war in einem anderen Leben, als ich studierte und in Wohnheimen lebte. Ich blickte an die Wohnheimsdecke, an die ich mich zwar nicht erinnere, von der ich aber sicher weiß, daß sie genauso unerträglich war wie das ganze Zimmer, der ganze Herbst, diese ganze absolut ungewohnte Einsamkeit, an die ich mich wohl oder übel würde gewöhnen müssen. Für die Einsamkeit gab es einen simplen Grund: In der vergangenen Nacht hatte ich überstürzt eine Liebeserklärung gemacht und – wie sagt man taktvoll? – eine abschlägige Antwort erhalten. Deshalb blickte ich am Morgen an die Decke und wollte keinesfalls weiterleben. Ein ganz simpler Grund also: Jugend, Verzweiflung, Liebe.
Wie aber läßt sich erklären, daß mein Kopf in einer einzigen Beschwörung pulsierte: »Guten Tag, du meine Einsamkeit«? Damit, daß sie mir in dem Moment als vollendete Formulierung erschien, weil sich in ihr mein ganzes Ich wiederfand, konzentriert und schmerzhaft zusammengeschrumpft? Daß nach dieser Zeile – ich wußte es genau – eine zweite auftauchen würde, die meinem Zustand nicht weniger entsprach?
Guten Tag, du meine Einsamkeit. Kälteste Kälte. Stillste Stille. Mit seinem einen Auge, ein Zyklop, blickt der Himmel auf Paris. Das war der Anfang eines Gedichts der fast

verbotenen Dichterin Lina Kostenko. Das Gedicht trug den Namen eines (zumindest was die Erwähnung in sowjetukrainischer Poesie betraf) fast verbotenen Künstlers: »Van Gogh«. Ich lernte es fast auswendig – nicht etwa, weil ich es mir vorgenommen hätte, sondern unabsichtlich: Ich las es zu oft. Es war eines meiner Lieblingsgedichte, abgedruckt in einem fast verbotenen ausländischen Kalender. Eine sehr seltsame Publikation übrigens, wo man zwischen landwirtschaftlichen Betrachtungen und Kochrezepten plötzlich auf halbversteckte Hinweise stoßen konnte, daß eine andere ukrainische Poesie existiert: Antonytsch, Holoborodko. Cholodnyj, Kalynez. Und auch sie, die Autorin der Beschwörung »Guten Tag, du meine Einsamkeit«.
Es ist durchaus anzunehmen, daß mir diese Zeile damals, als ich in dem entsetzlich kalten, mit fahler Novemberfeuchte gefüllten Zimmer erwachte, das Leben rettete. Vielleicht ist das sehr dick aufgetragen, aber Poesie heißt ja, manche Dinge lauter zu sagen. Lina Kostenko hat die ukrainische Poesie die Intonation gelehrt: gewisse totgeschwiegene Dinge laut und akzentuiert auszusprechen.
Was die Rettung meines Lebens betrifft, so wurde sie möglich, weil ich eine Verbindung fühlte. Es war nicht nur meine Einsamkeit, ich war nicht allein, eine fast verbotene, legendäre Dichterin solidarisierte sich mit mir, und auch Van Gogh, der irre Künstler mit der gefährlichen Rasierklinge in der Hand. Wir waren eine Gemeinschaft der Einsamen – ein Haufen unbehauster, romantischer, hungriger und verfemter Bohèmiens, Schauspieler des Lebens. Dabei werde ich kaum in der Lage gewesen sein, dieses Gefühl, diese Verbindung bewußt wahrzunehmen. Es funktionierte anders: als ein Ruf der Zukunft, einfach, genial und spe-

ziell für mich formuliert: »Guten Tag, du meine Einsamkeit!« Ich war etwas über achtzehn am Morgen dieses Tages. In Wahrheit war es also keine Beschwörung, sondern der Ruf der Zukunft, vielmehr ihr Schlachtruf.

Das Wesen der Poesie (so hoch will ich hinaus!) liegt nicht im geschriebenen und noch weniger im gedruckten, sondern im gesprochenen und vernommenen Wort. Als man den Künstler Opanas Salywacha 1965 ins Stanislauer Gefängnis sperrte, wachte er nachts davon auf, daß Knastis weiblichen Geschlechts in ihren Zellen im gegenüberliegenden Flügel Lina Kostenkos Gedichte sangen. Im Gefängnishof hallte der polnische Refrain *co komu do tego* wider. Salywacha, den ein Prozeß mit vorbestimmtem Ausgang erwartete, war durchdrungen von Freude, einem Gefühl der Verbindung. Das Leben lohnte den Kampf, das Gefängnis wurde von kriminellen Frauenstimmen innerlich zersetzt, Lina Kostenko sprach Worte, die die Existenz des Gefängnisses ad absurdum führten.

Die Geschichte der ukrainischen Literatur in den vergangenen Jahrhunderten, besonders aber im zwanzigsten, ist eine Geschichte der Unfreiheit und Zensur. In hohem (zu hohem) Maße auch von Anpassung, Feigheit, Verrat und Kollaboration. Und eine alles andere als heroische Geschichte von alltäglichen Denunziationen, anonymen Hinweisen, Bespitzelungen und stillem Alkoholismus. Mit anderen Worten, es ist die Geschichte des ukrainischen Schriftstellerverbandes, die Geschichte ihrer, der ukrainischen Schriftsteller, Verbundenheit, ihres Verbandeltseins.

Lina Kostenko hat mit dieser Geschichte nichts zu tun. Sie war es, die Hunderttausenden Ukrainern die unerschütterliche Überzeugung einimpfte, daß Zensur böse und ein

Verbrechen ist und Selbstzensur dem Selbstmord gleichkommt. Sie war es, die diese geistig schwerfälligen und von Natur aus nicht zu Radikalität und Schärfe neigenden, nicht besonders mutigen Menschen lehrte, daß die Worte »Unabhängigkeit«, »Würde« und »Freiheit« im Ukrainischen nicht ohne Grund existieren. Dutzende Geschichten waren über sie in Umlauf – über ihre respektlosen Repliken, ihre glasklaren Aphorismen, ihre risikoreichen Gesten, die Mäntel, Degen und Mantillen und die Blumen für die Verurteilten, die sie in den politischen Femegerichten stolz präsentierte.

Daher gehört sie, obwohl selbst ganz aus Geschichten gemacht, im Grunde nicht der Geschichte an, sondern der Zukunft, sie ist deren absolutes Gehör. Deshalb sind ihre Urteile so treffend und ihre Schlußfolgerungen richtig: »Wir sind, denn es sollte uns nicht geben.«

Und deshalb kamen wir in einem Januar irgendwann in der Mitte unserer zweigeteilten Jugend synchron aus allen Ecken und Zimmern der antiken Lemberger Wohnung gekrochen, schalteten den entsetzlichen Rekorder Marke »Frühling« ein und ließen immer wieder die Kassette eines gewissen Wolodja K. laufen (wo er jetzt wohl sein mag, wie lange ist es her, seit er nach Detroit gegangen ist!), der eine Unmenge von Liedern zu ihren wohlbekannten Worten aufgenommen hatte; wie schweigsame Verschwörer saßen wir um den Rekorder, rauchten, tranken die Reste vom Wein und irgendwelchem Kaffee und traten, ohne daß es uns bewußt war, in die Zukunft ein, die vielleicht in genau jenem Moment begonnen hatte.

2005

Das halbe Leben plus minus Hesse

Kaum zu glauben, daß der Schriftsteller Hermann Hesse oder Harry Haller, alias Hermann Heilner, oder ganz korrekt – einfach H.H., vor einem halben Leben mein Lieblingsschriftsteller war. Ich schließe die Augen, zähle, sagen wir, bis zweiundzwanzig, und schon betritt ein spinnerter Student ein Lemberger Antiquariat, wo ihn unter den vielen ersehnten, aber praktisch unerreichbaren Buchfassaden eines der wenigen ukrainischsprachigen Objekte besonders fasziniert – der Roman *Das Glasperlenspiel*, erschienen in der Serie »Höhepunkte des Weltschrifttums« und präsentiert in der Abteilung »freier Tausch«.

Diese besondere Form, Druckerzeugnisse umzusetzen, hatten sich die damaligen Organisatoren des Buchhandels wegen des allgegenwärtigen Defizits an guten Büchern (*Büchern erhöhter Nachfrage*) ausgedacht. Auf diese Weise konnte man, durch Vermittlung gelehrter Bouquinisten (und meist nach Zahlung eines Aufschlags), immer mal wieder ein *Handbuch für Bienenzucht* gegen die Abenteuer von Kommissar Maigret tauschen und die Memoiren von Marschall Schukow oder Konew gegen einen DDR-Bildband mit Reproduktionen von Piero della Francesca.

Beim *Glasperlenspiel* hatte ich Glück. Der Schacher gelang, die gelehrten Bouquinisten akzeptierten meinen *Ersatz*, und das genügte mir zur vollkommenen Seligkeit. Es war einer jener Fälle, wo das Eintauchen in ein dickes Buch gleichzeitig namenlose Freude und spürbares Bedauern auslöst, bleiben doch immer weniger Seiten ungelesen und geht alles seinem baldigen Ende entgegen. Zuvor war es mir schon gelungen, in die Haut des *Steppenwolfs* zu schlüpfen und sogar einen Abend mit einem illegalen, maschinengeschriebenen Exemplar des *Siddhartha* zu verbringen, den ein unbekannter Meister seines Fachs Anfang der zwanziger Jahre übersetzt hatte. Das ukrainische *Glasperlenspiel* verdankte seinen magischen Glanz zusätzlich dem Umstand, daß Jewhen Popowytsch die Übersetzung gefertigt hatte und die gereimten Schriften des Magister Ludi Josef Knecht von Lina Kostenko übertragen worden waren. Außerdem gab es ein Vorwort von Satonskyj und Kommentare von Awerinzew – auch diese auf höchstem Niveau. All das bildete eine gelungene Synthese, und mein unbezahlbarer H.H. wurde für mich zu einem der heiligsten Texte überhaupt.

Natürlich war es ein Kult. Und hätte es keinen Hermann Hesse gegeben, ich hätte ihn erfinden müssen. Aber zum Glück war das nicht nötig. Er, der für mich ungeheuer wichtige Welten miteinander verband, existierte ja schon.

Zum einen war es das *Süddeutsche* an Hesse, die besondere Affinität seiner geistigen Landschaft zu den Bergen, Weinreben, Steinpfaden, Honiglinden und romanisch-gotischen Türmen. Nicht das militärisch-preußische, sondern ein anderes Deutschland, jenes, das romantisch nach Süden blickt und an Italien glaubt. Eigentlich ist es schon ein bißchen Italien, denn in diesem Landstrich kreuzt sich das Germanische mit dem Romanischen, ein bereits gebirgiges und zugleich vom Wein geprägtes Land. Genau die Gegend, in der ich von nun an *mein Europa* ansiedelte. Als ich zehn Jahre später zum erstenmal dort war, dachte ich, daß alles, was wir uns wünschen, vorstellen und erhoffen, schließlich auch eintrifft. Leider immer zu spät und in einer anderen Inkarnation.

Zum andern ging es nicht ohne Romantik ab. Zu behaupten, Hermann Hesse setze die deutschen Romantiker fort, wäre zu halbherzig. Eher möchte man sagen: Hesse ist ein in die Zeit des Feuilleton geworfener Jean Paul, Brentano, Chamisso, Novalis, ein E.T.A. Hoffmann, dem die Möglichkeit zuteil wurde, Grammophonplatten zu hören.

Drittens also (aber auch erstens) die Musik: gregorianische Choräle, Ricercari für Viola und Laute, Toccaten und Fugen, barocke *concerti grossi* – dieser halb zu Staub zerfallene, halb archivierte Schatz, wieder und wieder gehört beim Knacken des Vinyls und billigem Rkaziteli, Pardon: rheinischem Riesling. Es war schön, irgendwo bei ihm zu lesen, Beethovens Musik sei die letzte, die auf dieser Welt zu hören sich lohne, alles Spätere erscheine einfach überflüssig.

Obwohl, nein. Später kam der Jazz. Eines seiner *alter ego*, eben jener Harry Haller, entdeckte an der Schwelle zum Alter – unter dem Einfluß eines verdächtigen und ewig zugekifften Saxophonisten – den Jazz und dann auch die anderen Freuden eines erregten Körpers und erweiterten Bewußtseins. Das eröffnete wiederum die Möglichkeit (Hesse? Haller? mir?), über die Grenzen der materielle Wirklichkeit genannten Illusion hinauszublicken, in ein magisches Theater, wo es so wunderbar war, daß mich das Verständnis von echter Prosa als unbegrenzt-halluzinatorischer Freiheit des Wortes bis heute nicht verläßt. Das zum vierten, aber nicht zum letzten.

Denn neben Experimenten mit dem Bewußtsein, der Seele,

neben Psychologie und Psychiatrie, neben dem Eintauchen in Archetypen und dem Deuten der Träume gab es noch die Morgenlandfahrt – durch Indien bis nach China, in die Tiefen des Selbst, denn dieses Indien und dieses China sind ja nicht wirklich geographisch. Strenggenommen zählte hier nicht die Geo-, sondern die Biographie: genau jene Leute treffen, genau jene Bücher lesen, genau jene Musik hören – genau zu jener Zeit.

Die Zeit war erstaunlich empfänglich für so eine innere Wallfahrt: Das Gesellschaftssystem forderte eine *engagierte staatsbürgerliche Haltung*, anders gesagt, ideologischen Konformismus und kämpferischen Karrierismus. Hermann Hesse bot eine verführerische Alternative – konsequenten Pazifismus, Individualismus und Distanz. Als einer, der schon immer zur Verwechslung von Ursache und Wirkung neigte, vernahm ich in jedem seiner Schriftzeichen das Echo der Hippies, die sich in Scharen nach Schambala und Kathmandu aufmachten, manchmal auch etwas viel Konkreteres: die Rockgruppe »Steppenwolf«, deren Aufnahmen ich allerdings nie finden konnte.

Ich würde Hesse den Lehrmeister des rettenden Eskapismus nennen. Er war, um ehrlich zu sein, ein schlechter Lehrmeister: Wie alle Autodidakten wich er ein für alle Mal von bestehenden Systemen ab, und wenn er jemanden führte, dann nur auf Irrwege. Aber gerade deshalb war er ein wunderbarer Lehrmeister. Denn für den, der ein freier Außenseiter sein will, sind Irrwege der einzig mögliche Weg. Es geht ja nicht darum, als erster anzukommen, nicht einmal darum, überhaupt anzukommen.

Ich kann der Versuchung nicht widerstehen, ihn einen Generationenschriftsteller zu nennen. Die Hesselektüre fiel für die meisten mit der Zeit der Initiationen zusammen. Sie begleitete mehr als einen von uns bei seiner juvenilen Suche, war eine Art imaginärer Orientierungspunkt – »ungeachtet des süßen, pastelligen Scheins, der von ihr ausging«, wie der schon einer anderen Generation angehörende Tymofij Hawryliw anmerkt. So eine Religion konnte nicht ewig, konnte nicht einmal von Dauer sein. Wenn der Schriftsteller aufhört, Luft zum Atmen zu sein, bedeutet das den Abschied nicht nur von seiner Welt, sondern auch von der eigenen, ausgeleierten Gestalt: Häutung, ewiger Verrat.

Ein halbes Leben später packe ich Bücherkisten aus. Meine Bibliothek, die ich in die neue Wohnung transportiert habe und jetzt in einem ihr noch unbekannten Raum aufzustellen versuche. Keine Ahnung, wie es ihr hier ergehen wird, aber ich sehe einiges Unverhoffte voraus. Da gerät mir ebenjener Hesse in die Hand, *Das Glasperlenspiel*, Höhepunkt des Weltschrifttums, vor zwei Jahrzehnten gegen Jewgeni Jewtuschenkos Gedichtband *Das Morgenvolk* eingetauscht. Ich blättere, atme den Geruch des Papiers, in Wirklichkeit der kondensierte Geruch der frühen achtziger Jahre, und plötzlich ertappe ich mich bei dem fast unwiderstehlichen Wunsch, von neuem in den Hesse zu fliehen, in seinen Aschrams Wohnung zu nehmen und dort endlich mein letztes, mein erstes, mein erstes und letztes Territorium zu finden – auf Nimmerwiedersehen.

Ich blättere nicht aufs Geratewohl. Mich interessiert, wie alles endet. Der letzte Satz seines Romans klingt verführerisch: »Er hat den Wald nicht mehr verlassen.«

Gut, daß es diesen Wald gibt. Gut, daß er immer bereit ist, uns aufzunehmen.

2002

O Umlaut

Deutsch hat man uns früher beigebracht als Russisch. Denn Russisch, die *Verkehrssprache der Völker der UdSSR*, stand ab der zweiten Klasse auf dem Stundenplan, Deutsch schon ab der ersten. In diesem ersten Jahr aber lernten wir weder Lesen noch Schreiben, es ging lediglich um die Aussprache, und dabei weniger um Wörter als um einzelne Laute. Ich erinnere mich, wie die Lehrerin uns fünfzigmal hintereinander irgendein *»ich«* üben ließ (die Lippen verziehen sich zu einem Lächeln, die Zungenspitze streckt sich zur Unterlippe, aber ohne sie zu berühren) oder, sagen wir, *»glühen«*, *»blühen«*. Ja, das schwierigste waren die Umlaute. Für jeden einzelnen mußten die Lippen besonders trainiert werden. Wenn man sieben Jahre alt ist, dann versteht man nicht, wozu solche phonetischen Quälereien gut sein sollen. Vielleicht haben sich das gar nicht die Deutschen ausgedacht, sondern unsere Lehrerin? Vielleicht gibt es so eine Sprache gar nicht? Vielleicht ist alles nur Gymnastik für Lippen, Zunge, Gaumen? Aber warum läßt uns die Lehrerin dann so oft *»Goethe, Goethe, Goethe«* wiederholen? Im Chor und einzeln, jeden Tag dasselbe – *»Goethe, Goethe, Goethe«*?

Was es mit ihm auf sich hatte, erfuhren wir erst später, als wir Deutsch lesen und schreiben lernten, umgeben von seinen Porträts. Ein und derselbe altertümliche Herr, ich glaube, mit einem Ordensstern an der Brust, blickte uns von den Wänden des Klassenzimmers herab, aus den Schulbüchern und von den Umschlägen der Hefte durchdringend an. Das muß ja ein sehr wichtiger Deutscher sein, wenn es ihn überall so oft gibt, dachten wir. Kurz darauf lernten wir sein *Heidenröslein* auswendig, und die nebenstehende halbseitige Biographie (bis heute weiß ich nicht, wie es den Autoren des Schulbuchs gelungen ist, sich so kurz zu fassen!) informierte darüber, daß das wichtigste Lebenswerk ebendieses Goethe die Tragödie *Faust* sei.

Faust hieß der riesige schwarze Kater unserer Nachbarn, ein äußerst mystisches Geschöpf. Endlich verstand ich! Über jemanden wie ihn sein wichtigstes Lebenswerk zu schreiben, war eine Aufgabe, der nur ein Genius gerecht werden konnte.

Im Spätsommer begann die Zeit der Herbarien. Eigentlich hätten wir die Blätter während des ganzen Sommers sammeln sollen, damit sie im September trocken genug aussahen. Das war die Ferienhausaufgabe in Botanik. Ich schob sie, wie alle normalen Schüler, bis Ende August vor mir her. Dann passierte immer dasselbe – vielleicht sogar an seinem, Goethes, Geburtstag: Mein Vater, der Förster war, schüttete vor mir auf dem Tisch eine ganze Tasche duftenden Grüns aus. Es war wie ein böser botanischer Scherz, mich bis zum Hals mit diesen Blättern zuzuschütten, in denen ich mich nicht zurechtfinden würde. Vielleicht war es der Erlkönig selbst, der mich auf diese Weise verspottete, der Titelheld der bedrohlichen Ballade, die ich aus den Proben des Knabenchors kannte? So ist denn auch die Anwesenheit des rettenden Vaters in meiner Geschichte alles andere als Zufall: Mein Sohn, was birgst du so bang dein Gesicht?

Mein Vater war der erste Mensch auf der Welt, der mir

einen Ginkgo-Baum zeigte. Es beeindruckte mich tief, daß er sich vielleicht noch an die Dinosaurier erinnerte und aus China kam. Vor allem aber dieses Wort, das Wort als solches – *Ginkgo*! Viele Jahre später fand ich mit einem Mädchen in Lwiw so einen Baum. Er stand in den vernachlässigten Randbezirken des Botanischen Gartens, eigentlich schon an der Grenze zum Nicht-Garten, zum Wald. Wir verabredeten uns von nun an immer unter diesem Baum, so lange, bis alles zwischen uns zu Ende ging. Ein Werther wurde nicht aus mir, aber weitere zehn Jahre später schrieb ich aus unbekannten Gründen ein paar Verse über den »Baum, den sie nicht mehr besucht« und den »Zweig des vergessenen Ginkgo«. Der Sinn all dessen enthüllte sich erst Ende der neunziger Jahre, als einer meiner deutschen Freunde die Verse in Übersetzung sah und mich wegen der Reminiszenz an Goethe lobte. Ich tat so, als verstünde ich, und las dann noch mal den *Faust*, in der ukrainischen Übersetzung von Mykola Lukasch und der russischen von Pasternak, konnte aber nirgends irgendwelche Reminiszenzen entdecken. Damals bekam ich eine Postkarte von der sorbischen Lyrikerin Róža Domašcyna (die einzige, die sie mir je geschickt hat!), mit einem hellgrünen Doppelblatt vorne und zwölf Zeilen von Goethe auf der Rückseite. In dem Moment schien es mir, als beobachte er mich, nicht ohne skeptisches Lächeln auf den dünnen edlen Lippen. Peinlich berührt schlug ich vor seinem durchdringenden Blick die Augen nieder.

Nein, ich versuche nicht, ihn an mein Leben zu fesseln und für mein Unwissen verantwortlich zu machen. Was ich sagen will ist, daß Poesie, hat ein Dichter sie erst einmal in die Welt gesetzt, nicht mehr aus ihr verschwindet. Nur erken-

nen wir sie nicht immer, denn einmal ausgesprochen, hört sie auf, nur Wort zu sein, sie realisiert sich in Dingen, Gesten, Situationen und sogenannten Zufälligkeiten. Es ist wie bei den von Goethe selbst beschriebenen Metamorphosen der Pflanze: Same, Keimling, wucherndes Gewächs.
Was ich sagen will ist, daß in uns allen das Echo der Poesie erklingt, ohne daß wir uns dessen immer bewußt sind. Es genügt doch, sich jene seltsame sowjetische Schule am Ende des Tauwetters und der sechziger Jahre vorzustellen, die erste Klasse, die kleinen siebenjährigen Ukrainer, die extreme Anspannung ihrer Mimik (»Macht, als ob ihr Rauchringe ausstoßen wolltet«, rät uns die Lehrerin, nicht ganz passend), und die Lippen spitzen sich, so daß genau das Geforderte herauskommt – ein unslawischer merkwürdiger Laut in der Mitte eines großen fremden Namens: Goethe, Goethe, Goethe …

2004

Etwas weiter, als die Sprache erlaubt

Das Land, in dem es mir zugefallen ist, auf diese Welt zu kommen, hat allen Grund, sich für poesiozentrisch zu halten. Die Geschichte wollte es, daß die Poesie eine der wenigen Chancen für das nationale oder zumindest das sprachliche Überleben darstellte, besonders im für die Ukraine desaströsen 19. Jahrhundert. Es ist deshalb zum Jahrhundert der Dichter geworden, besser gesagt EINES DICHTERS (*Vater der Nation*), dem eine ganze Armee von Erben und Jüngern nachfolgte. Das Wort »Armee« verwende ich hier nicht zufällig. Vor allem in der zweiten Hälfte des 19. Jahrhunderts hatte der Dichter in der ukrainischen Tradition eine ausschließlich gesellschaftliche Funktion, das Schreiben von Gedichten wurde dem Befreiungskampf gleichgesetzt, das Wort der Waffe; das Individuelle und Intime wurde unterdrückt und in den Hintergrund gedrängt, ganz wie es die Armeedisziplin verlangt. Der Dichter gilt nicht mehr nur als Sprachrohr, sondern als nationaler Messias, und die Poesie als die höchste staatsbürgerliche Mission. In Klammern möchte ich anmerken, daß wir hierin keinesfalls allein sind. Schon gar nicht in jenem Teil der Welt, der später Osteuropa genannt wurde.

Der äußeren Logik folgend, hätte dieses Modell seine Gültigkeit mindestens bis August 1991 bewahren müssen, also bis zu dem Moment, in dem die Ukraine ihre eigene Staatlichkeit erlangte. In Wirklichkeit aber galt es schon länger nicht mehr. Seit wann etwa? Vielleicht seit 1933, als

Hunderte ukrainischer Dichter, Einwohner des hauptstädtischen Charkiw, die vom Hunger aufgedunsenen, auf dem Straßenpflaster oder in den Parkanlagen sterbenden Bauern *nicht bemerkten*? Oder seit 1985, als der letzte von den ukrainischen *großen Dichtern*, der für den Nobelpreis nominierte Wasyl Stus, in einem sowjetischen Straflager im Ural umkam? Unzählige Hypothesen sind möglich, und jedes dieser mehr oder weniger gewichtigen Daten in der ukrainischen Geschichte der vergangenen Jahrzehnte kann aus heutiger Sicht als eine kopernikanische Wende erscheinen.

Aber was hat das alles mit mir zu tun?

1

Ich war, glaube ich, sechzehn, als mir plötzlich bewußt wurde, daß ich meine inneren Befindlichkeiten in einer von der üblichen Sprache abweichenden Weise niederschreiben wollte, nämlich als Poesie. Es fällt mir schwer, die Auswirkungen dieser sorgfältig vor anderen verborgenen persönlichen Entdeckung in ihrem ganzen Umfang zu rekonstruieren. Aber bis heute erinnere ich mich, daß die Freude dominierte. Es war einfach, als hätte ich mich selbst gefunden. Außerdem nahm mir das Gefühl der Freiheit fast den Atem: Ich konnte schreiben, *was ich wollte*, da ich ohnehin nicht vorhatte, es zu veröffentlichen oder auch nur irgendwem auf der Welt zu zeigen. Ich schrieb in ein kleines Notizbuch, das ich an einem sicheren Ort versteckte, und es schien, als hätte ich noch ein Leben dazubekommen – ein geheimes, das echte. Die Poesie wurde für mich zu einem dem Rest der Menschheit verschlossenen Unterschlupf, in dem dieses geheime echte Leben stattfand. Das russische Wort *ubeshischtsche* scheint hier unglaublich treffend, es kommt von »fliehen«, und eine wahrhaftige Flucht war es auch – in die Freiheit. »Versteck« paßt in gewisser Weise auch, besonders im Sinne ebenjener Freiheit, die sich im *versteckten* Notizbuch materialisierte.

Vom Moment jener wunderbaren Entdeckung an (ich füge hinzu, daß es im Sommer geschah, in der Mittagshitze, am Meeresstrand, und natürlich war da auch ein Mädchen) vergingen zwei oder drei Jahre, bis ich zum ersten Mal einige meiner Gedichte für Außenstehende las, also laut vorlas. Die Stimme wollte mir nicht gehorchen, sie zitterte, und die Hände wurden feucht. So verlor ich meine Unschuld. Mein Innerstes nach außen zu kehren bedeutete in diesem einen Fall ein stillschweigendes Einverständnis mit allem, was an bedeutenderen Formen des Nach-außen-Kehrens folgen würde: Veröffentlichungen, Druckauflagen, also Vervielfältigung, Offenlegung des Geheimen. Deshalb bin ich der Meinung, daß ich in jenem Moment meine Unschuld verloren habe.

Aber dafür gewann ich die Hoffnung, daß *es* mir gelingen konnte. Und daß *es* auf andere wirkte. Daß *es* ihnen nicht nur gefiel, sondern etwas Tieferes in ihnen berührte, etwas Verstecktes, irgendwelche ihrer *Verstecke*.

2

Eines der schönsten Abenteuer meines Lebens heißt Bu-Ba-Bu oder »Burlesk-Balahan-Buffonada« (*Balahan* nennt man auf ukrainisch eine Jahrmarktsbude). Wir waren zu dritt, wir waren wandernde Poeten, wir lasen Gedichte auf Jahrmärkten und Marktplätzen. Es begann im Jahre 1985 und endete ungefähr 1995, als ein gemeinsames Buch mit unseren ausgewählten Texten das Licht der Welt erblickte. Nehmen wir also an, daß das Abenteuer genau ein Jahrzehnt dauerte. Wir lasen in Theatern und Klubs, in größeren und kleineren Sälen, manchmal kamen zwölf Personen, um uns zuzuhören, manchmal acht- oder neunhundert. In solchen Fällen verstiegen wir uns dann zu Feuerwerk und Pyrotechnik, zu Rockmusik, Symphonieorchestern und Ballettruppen. Nein, es war kein *kollektives* Schreiben von Gedichten; es ging nur darum, aus ihnen eine gemeinsame Performance zu entwickeln, sie zu einem szenischen Ganzen zusammenzubauen. Aus Gründen der Zensur und eines verlegerischen Konservativismus war es zu Beginn dieser *Epoche des Bubabismus*, also in den achtziger Jahren, noch schwierig, solche Gedichte zu drucken, aber man konnte sie immerhin schon öffentlich vortragen; wir beschlossen, das Naheliegende zu tun, und begannen, an unseren Stimmen zu arbeiten, am Timbre, der Intonation und der Diktion. Aber was heißt »arbeiten«? In Wirklichkeit bemühte sich jeder von uns, Gedichte zu schreiben, die man unbedingt hören wollte. Sie sollten *klingen*. Es sollte *gehörte* Poesie sein, und vor allem durfte niemand dabei einschlafen. Das passiert übrigens häufig; die Leute kommen zu einem literarischen Abend, und nach fünfzehn Minuten in einem bequemen Sessel schlafen sie ein. Wir wollten sie einer solchen Möglichkeit berauben.

Meine damalige *Konzeption des Gedichts* (die ich nie rational für mich formuliert, eher intuitiv verwirklicht habe) beinhaltete phonetische Effekte, rhythmische Schärfe des Rock 'n' Roll, Reichtum, Genauigkeit und – das Wichtigste – absolut innovative und überraschende Reime, eine drastische und selten gebrauchte Lexik, in der Archaisches neben Slang stand und euphorische Erhabenheit neben grenzenloser Obszönität. Genauso dachte ich mir die *Verbindung von allem mit allem*, die auszudrücken gleichsam die Bestimmung der Poesie ist. Wenn man sich einen Karneval vorstellen kann, der nur aus Klängen von Wörtern und menschlichen Stimmen besteht, dann war dies ein solcher. Oder nehmen wir einen anderen Vergleich: das Gedicht als Zirkusnummer. Ich habe schon im Zirkus gelesen, allein und mit den Musikern der Gruppe »Mertvy Piven« (Toter Hahn). Die Genauigkeit des Dichters muß sich mit der Genauigkeit des Seiltänzers (oder des Trapezkünstlers) vergleichen lassen, für den eine mikroskopisch kleine Abweichung vom einzig möglichen Algorithmus der Nummer Sturz und Tod bedeutet. So auch der Dichter im Gedicht: Er muß die einzig möglichen Worte, Intonationen, rhythmischen Strukturen wählen. Nach vielen Jahren fand ich etwas Vergleichbares bei Lawrence Ferlinghetti in seiner *Constantly Risking Absurdity*, nehme aber an, daß er und ich weder die ersten noch die einzigen sind.

Ich lebte mit der Sprache wie mit einer Geliebten. Das versichern zumindest die Zeugen jener Jahre: daß es Erotik war, die wahrhaftigste Erotik, mit periodischem Wechsel der Rollenpositionen, wenn das Instrument und der, der auf ihm spielt, so oft wie möglich die Plätze und die Bestimmung tauschen. Das hieß, sich zur Sprache so zu verhalten wie zu dem vollkommensten Instrument. Und gleichzeitig selbst das vollkommenste Instrument der Sprache zu sein.

Lange konnte das nicht dauern. Im Dezember 1990 schrieb ich die letzte Zeile des letzten Zyklus »Indien« und verstand, daß mein Witz – jenseits der Dreißig noch Dichter zu bleiben hat zumindest etwas Komisches – begonnen hatte, sich gegen mich selbst zu wenden. Daß mich also die Poesie ein für allemal verlassen würde. Technisch war ich perfekt, ich konnte alles, nur nicht so tun, als könnte ich auch weiterhin Gedichte schreiben, überhaupt wollte ich nicht so tun als ob. Also stürzte ich mich kopfüber in den Ozean einer anderen Freiheit, deren Name *Prosa* war.

3

Ich mußte ein ganzes weiteres Leben leben, mich in ständigem Reisen verirren, endlich die Welt auf der anderen Seite des Vorhangs sehen, mich von ihr verführen lassen, Dutzende Länder lieben lernen, Dutzende Städte und Frauen, mich aus einigen ruinösen Krisen und Katastrophen herauswinden, in neue hineingeraten, ich mußte mich von dem Gedanken verabschieden, ich wüßte, wie Poesie zu sein habe und was Poesie überhaupt sei, mußte mich ändern, ein anderer werden, mein früheres Ich verlieren. Bis eines Tages *das* aus mir herausbrach. Ich hatte mich bis zum äußersten widersetzt, getreu der bekannten Maxime – ich glaube, von Rilke –, so lange nicht zu schreiben, wie man das kann: nicht schreiben. An dem Tag, an dem auf dem Monitor meines Computers die Zeile »Zum Kotzen, schon wieder Radio, Fernsehen und die Presse« erschien, war der letzte Rest des Widerstands aufgebraucht.

Nach neun Jahren Pause begann ich etwas zu schreiben, das

den Titel »Lieder für den toten Hahn« trägt, chaotische und überwiegend flüchtige Monologe eines Mannes, der in die zweite Hälfte des Lebens übergetreten ist mit allem, was das nach sich zieht. Aber das ist nur die Oberfläche; Gedichte kann man nicht nacherzählen, selbst wenn in ihnen angeblich irgendwelche Geschichten erzählt werden. Nein, meine Verwunderung gilt etwas anderem: der wiedergefundenen Freude am Schreiben.

Ich wußte nicht, daß Poesie so leicht ist. Daß ihre Sprache so karg sein kann. Je karger sie ist, desto schöner ist sie. Daß *vers libre* so ein *freies* Gedicht ist, daß es also überhaupt nicht um die Form geht, obwohl es andererseits ja gar nicht nicht um sie gehen kann.

Poesie – das ist Gestikulieren, Händefuchteln, Schulterzucken, Sprachverstärker. Poesie ist eine Folge der Unzulänglichkeit der Sprache, ihrer Endlichkeit und Begrenztheit, Poesie ist ein Mittel, ein bißchen weiter zu gehen, als uns die Sprache eigentlich erlaubt.

Aber keinesfalls sollten Sie diesen Definitionen ganz glauben. Das Wesen der Poesie ist, daß sie außerhalb von Definitionen steht.

Es ist einfach so: Eines Tages kommt das Bedürfnis nach Klarheit und Ausdrucksschärfe, wieder findest du die Kraft zur Befreiung, die Kraft, ganz anders weiterzumachen.

2004

Engel und Dämonen der Peripherie

Auf dieses Buch habe ich die letzten drei, vier Jahre gewartet. Genauer gesagt, seit der Autor und ich unsere gemeinsamen Wanderungen aufgenommen haben. Der Autor heißt Andrzej Stasiuk, und das Buch, auf das ich so lange gewartet habe, *Unterwegs nach Babadag*. Im Titel klingt etwas Ungarisches an, obwohl Babadag ein Städtchen im Süden Rumäniens ist, welches das Osmanische Reich und das Türkenjoch in seinem Namen trägt. Es heißt, in polnischen Buchhandlungen werde oft nach »Unterwegs nach Bagdad« gefragt, als hätte Andrzej Stasiuk über den Irakkrieg geschrieben. Aber daß dieses Buch im orangeroten Einband Jahresbestseller geworden ist, liegt bestimmt nicht an dieser Verwechslung.

Andrzej Stasiuk ist mein polnischer Lieblingsschriftsteller. Seit wir gemeinsam *Mein Europa* veröffentlicht haben, hat er daran weitergeschrieben, seinen Teil, sein Logbuch, fortgesetzt. Mit anderen Worten, er hat weitergelebt. Und dieses Leben wurde *Babadag*.

Normalerweise reist er im Sommer und schreibt im Winter, wenn die weiße Undurchdringlichkeit des Schnees sein Haus in den Kleinen Beskiden zuweht und man den Schreibtisch wochenlang nicht verlassen kann und die vorbeifliegenden, düsteren Tage leicht mit den ellenlangen, stockdunklen Nächten verwechselt. Das Verhältnis ist etwa achtzig zu zwanzig zugunsten der Nächte.

Dann sieht er seine mittelöstliche Kollektion durch: die

über den Sommer gesammelten Geldscheine und Münzen – rumänische Lei, kroatische Kuna, ungarische Forint oder albanische Lek, all die Namen und Gesichter von nationaler Bedeutung auf dem Avers. Oder er greift aufs Geratewohl in die Plastikschachtel mit den Tausenden von Fotos. Oder blättert seinen Reisepaß durch, in dem die Zahl der Grenzübergangs-Stempel 167 erreicht hat.

Es ist die Poesie der Zeichen einer zum Untergang verdammten Welt. Ja, die Geldscheine, die Stempel – das ist Poesie.

Stasiuk schreibt meist in der Nacht, wenn sich unterm Schutz des dunklen Himmels alles entfernt, verschwindet, wenn er allein ist. Nachts schreiben ist eine berauschende Übung, die Nacht schafft eine trügerische Nähe zum Kosmos und fördert dubiose Gespräche über die Ewigkeit. Alles, was nachts geschrieben wird, erscheint genial – bis man es tags darauf noch einmal durchliest. Nur Stasiuk kann sich solche nächtlichen Séancen erlauben. Vielleicht, weil er die Fähigkeit hat, das Ewige nicht vom Vergänglichen zu trennen, mehr noch, sie nicht in Gegensatz zueinander zu stellen.

Die polnischen Medien bezeichnen *Babadag* als »Tatsachenliteratur«. Was soll das in normaler, menschlicher Sprache heißen – Reisenotizen, Aufzeichnungen, Reportagen, Skizzen, Essays? Alles zusammen, denke ich, und gleichzeitig etwas viel Universaleres, ein von Stasiuk geschaffenes neues Genre. Denn eigentlich ist es nicht Literatur, sondern Obsession.

Stasiuk zieht es in östliche und ein bißchen südliche Richtung. Was ihn fasziniert, sind die Länder hinter Konieczna. Konieczna heißt der polnisch-slowakische Grenzübergang ein paar Kilometer hinter seinem Haus. Er ist Anfang und Ende. Stasiuk wählt die Länder hinter den Pässen, und alle polnischen Pässe liegen im Süden. Daher wählt er Ungarn, Rumänien, die Slowakei, Albanien, Moldova, Ödnis, Augustsüße, Schmutz, Trägheit, Halbschlaf. Was vor unseren Augen zerfällt, ohne je etwas geworden zu sein (denn es wollte gar nichts werden!) – »sanftes Chaos, eine verschlafene Unordnung, Reste angefangener und Erinnerungen an abgebrochene Unternehmungen, stapelweise Dinge, die sich allmählich in Müll verwandelten. Plastikfolie, Kompost, heruntergefallene Äpfel, Verschläge für Hühner, Unkraut, Trampelpfade, eine Art ewige Gegenwart kauerte da im Schatten von Nuß- und Kirschbäumen.«* Und die immer gleichen Männer, die am helllichten Tag auf der Straße stehen, ohne etwas zu tun, einfach nur dastehen in Erwartung von man weiß nicht was.

Reale politische Ereignisse interessieren ihn eigentlich nicht – daß einige der Länder sozusagen schon drin, also gerettet sind, und andere noch sozusagen draußen, also verloren. Seine Trennlinie ist geographisch-lyrisch und verläuft entlang des 17. Längengrads. Die Welt rechts davon ist noch unvollendet, daher kann man nur schwer den Blick von ihr wenden. Aber das mit dem Blick verhält sich vielleicht gerade umgekehrt – so wie mit Nietzsches Abgrund.

Vielleicht verbinden Zitate dieses Territorium. Vielleicht Zigeuner. Waren doch sie es, die als erste von einem »Europa ohne Grenzen« träumten. Vielleicht ist es durch Außenseitertum geeint, durch Abgelegenheit von der großen Welt oder von deren äffischer Imitation, wie in der moldaui-

* Andrzej Stasiuk, *Unterwegs nach Babadag*. Aus dem Polnischen von Renate Schmidgall. Frankfurt am Main 2005, S. 267

schen Hauptstadt mit ihrer »romanisch-slawischen Schönheit, verunstaltet durch nuttenhaftes Make-up«, wo »alle so tun als ob, [...] ihre eigene Vorstellung einer Welt nachahmen, die anderswo ist«.*

Dieses Buch ist monoton, wie die monotonen Landschaften seines eigenen Teils der Welt; selbst wenn sie gebirgig sind, gibt es die besondere Monotonie der Berge, von den Ebenen ganz zu schweigen! Dieses Buch ist gebaut auf Wiederholung der Visionen und Einsichten, seine Visionen reimen sich, und die Einsichten geraten in den Takt der transsylvanischen Musik.

Anders als normale Reisende sucht er nicht Unterschiede, sondern Ähnlichkeiten. Eine Art hypersensible Höflichkeit des reisenden Beobachters, sich über das zu freuen, was sich gleicht. Er selbst stellt die Diagnose: Hang zur Peripherie, Faszination der Provinz, perverse Liebe zu allem, was verschwindet, untergeht, zerfällt. Zum Beispiel zu den Anlegestellen auf den Inseln im Donaudelta, wo höchstens zweimal in der Woche eine Fähre hält, zu den mit Unkraut überwucherten Hotels namens »Europolis«, zu den gelblich grauen Landschaften aus Resten von Betonbunkern.

Ja, all das verschwindet, vergilbt und verschmiert wie moldauische Banknoten. Man kann es nicht aufhalten, aber man kann damit leben. Wie die zwei unbekannten Kartenspieler, die wohl bis heute unter dem Nußbaum im freien Feld sitzen: »Grau und zerknittert sahen sie aus, wie die meisten Männer in dieser Gegend, doch sie schlugen sich tapfer in diesem bedrängenden Raum und der unendlichen Zahl von Stunden. Die brüchige Abstraktion des Spiels

* Ebd. S. 145

schützte sie vor dem Nichts. Weiß der Geier, vielleicht zündeten sie in der Dämmerung einen Stummel an, oder ihre Karten waren gezinkt, und sie spürten Herz, Pik und Kreuz auch im Dunkeln unter den Fingern.«*

Aber solange die Dunkelheit noch nicht hereingebrochen ist, wollen wir sie in Erinnerung behalten, wie sie sind. Sie spielen Karten, füllen das Leben mit der Erwartung des Todes und der unendlichen Monotonie des Spiels zu zweit, mitten im heißen Staub des Sommers, auf vertrocknetem Gras, unter dem Nußbaum, irgendwo bei Babadag, Orchej, Baja Mare, Mátészalka oder Kolomyja.

2004

* Ebd. S. 264

Ein Foto aus meiner Armeezeit

Die holländische Fotokünstlerin Bertien van Manen hat die Fotos ihres neuesten Bildbands geschickt. Wir haben uns nie gesehen, und ich weiß nicht einmal, wie alt sie ist, aber sie wünschte sich von mir eine Art Vorwort zu dem Band. Den ganzen Frühling lebte ich mit ihren ausgewählten Arbeiten, die sie auf zwei CD-ROMs übersandt hatte. Und das Schreiben des Artikels für ihr Buch wurde zur Suche nach einer Antwort auf die einfache Frage: Warum lassen wir uns fotografieren?

Manchmal denke ich, die Antwort ist genauso einfach: Weil wir nur ein Leben haben, und weil es verrinnt.

Die zwei Jahre Wehrdienst zum Beispiel waren ein entsetzlicher Raub der besten, jugendlichsten Lebenszeit. Freuen konnte man sich einzig darüber, daß es die sowjetische Armee war und nicht die des Zaren, wo das Ganze nämlich nicht nur zwei, sondern fünfundzwanzig Jahre dauerte.

Andererseits aber wurde der verdammte Wehrdienst für die meisten von uns praktisch zum einzigen Ereignis im Leben. Mit zwanzig kehrtest du in die sogenannte Freiheit zurück, fingst an zu arbeiten, sagen wir, auf einem Traktor einer, sagen wir, Kolchose, mit einundzwanzig Heirat, mit zweiundzwanzig das erste Kind und Schluß, nichts weiter, nur Arbeit, Schnaps, schnelles Altern, Kinder, Frau, Routine, Familie. Ich bin solchen Leuten öfter begegnet. Mit vierzig wie mit fünfzig erzählten sie nur vom Wehrdienst und was sie damals alles erlebt hatten. Wovon auch sonst?

Auf einem Foto, das im Frühjahr 1984 im Wald bei Hajsyn entstanden ist, sehe ich sechs solcher Typen (der siebte bin ich selbst). Den Moldauer Walera Karp, ein einfacher und zäher Weinbauer. Usurow (wie hieß er mit Vornamen – Raschid?), Vertreter des mir bis dahin völlig unbekannten Volks der Dunganen, klein, hyperaktiv und geschickt. Daneben noch ein Asiate – Tolja Sadykow, ein Uigure, immer in sexuelle Träumereien verstrickt. Dann der Russe Kostjuschin, ein simpler und dumpfer Tölpel. Hinter ihm der Tschetschene Schydijew, ebenfalls Raschid, glaube ich, vielleicht aber auch Abduraschid – sogar unter den Bedingungen der Armee-Gefangenschaft ein absoluter Rebell. Schließlich der Litauer Dapkus, auch ein Bauer, Tankwagenfahrer mit dem Verstand eines siebenjährigen Kindes. Wir stehen mit freiem Oberkörper auf einem Raketenschacht, unter uns der strategische Abgrund der sowjetischen militärischen Abschreckung, bis an die Zähne bewaffnet mit MGs und frischen Blumen. Genauso standen wir an jenem Tag jenes Frühlings in jenem Wald.

Aber wo seid ihr jetzt, meine Freunde aus der Gefangenschaft? Ihr alle müßtet heute etwas über vierzig sein, ein ausreichend hohes Alter, um vom Leben die Nase voll zu haben. In der Tat, warum nicht annehmen, daß nur noch die Hälfte von euch am Leben ist? Daß der kleine Dungane Usurow schon vor mehr als zehn Jahren in der Gegend der kasachisch-chinesischen Grenze bei einer der Auseinandersetzungen zwischen Drogenkurieren abgemurkst wurde? Daß der ewig zurückgebliebene Kostjuschin längst in der Klapse seiner Heimatstadt Tula an Säuferwahnsinn verendet ist? Daß der tschetschenische Kämpfer Schydijew schließlich von einer Mine, die russische Spezialeinheiten gelegt haben, in die Luft gesprengt wurde oder sich selbst in die Luft gesprengt hat, Mitte der neunziger Jahre, Anfang des neuen Jahrtausends oder vielleicht erst vorgestern? Und alles, was uns, die Lebenden und die Toten, für immer zusammenhält, ist diese blöde Armee-Fotografie, geknipst *zur Erinnerung*.

Das Gedächtnis ist ein absoluter Wert. Die Fotografie ist Mittel und Zweck zugleich, angehaltene, konzentrierte Zeit, die sich, wie bekannt, nicht anhalten läßt. Die Fotografie ist der Gestalt gewordene Schrei der Faustischen Seele. Manchmal, wenn der Fotograf uns bittet, »cheese« zu sagen, bilde ich mir ein, das englische »Jesus« zu artikulieren.

Bertien van Manen hat unzählige Länder bereist, um zu fotografieren. Sie ist in Wohnungen und in Seelen eingedrungen, in Seelenwohnungen und Wohnungsseelen. Eine Art Forschungsarbeit zur Rolle der Fotografie im Interieur, wenn man unter »Interieur« mehr versteht als nur »Einrichtung«, nämlich die menschliche Mitte, das Herzstück.

Ergebnis ihres Eindringens ist eine vor allem dank ihrer Naivität unglaublich wichtige Erkenntnis: In Wirklichkeit verschwinden wir überhaupt nicht. Man braucht sich nur zusammenzunehmen und schön vor der Kamera aufzustellen – in Uniform, Hochzeitskleid, Ballettschuhen, Jägerhut, Sonnenbrille, vor einem Frühlingswald, am Strand, beim Tanzen, im Flur, mit der zum ersten und letzten Mal getragenen Krawatte, mit Bruder, Schwester, Mutter, Schwiegermutter, Liebhaber und Ehemann, mit Posaune und Kontrabaß, dem Lieblingsspielzeug, Lieblingshund, mit dem ebenfalls geliebten Diktator, vor der Erstkommunion, vor dem letzten Fanfarenstoß, vor dem Eingang zum Krematorium …

Man warnt uns: »Schaut her, gleich kommt das Vögelchen raus!« – und so passiert es auch, der Vogel kommt jedesmal aus seinem Käfig, und wir lächeln (cheese!) und werden ewig (Jesus!).

2005

Romanze mit dem Universum

Sollte man Jaworsky nicht zustimmen?

Teufel auch – drei Tage, nur drei Tage im geleckten properen Brügge, und die Wahrnehmung wird geschärft, empfindlicher, man entwickelt eine Art Allergie gegen das eigene Land! Gegen den verwahrlosten, von unzähligen Schmutzschichten überzogenen Eisenbahnwaggon, gegen die unförmigen, an Würste erinnernden Passagiere mit ihren wurstförmigen Kindern, gegen den Toilettengestank, der unweigerlich das volkstümliche Wort *Kübel* ins Bewußtsein ruft, gegen die durch nichts gerechtfertigten Stopps und unerträglich langen Aufenthalte *an jedem Pfosten*, gegen die unnatürliche Langsamkeit, mit der dieser sogenannte Personenzug es schafft, eine Entfernung von 150 Kilometern auf dreieinhalb Stunden auszudehnen und sich dabei auch noch zu verspäten.
Es war der letzte Abschnitt meiner ganztägigen Heimreise – nach einem Intercity und zwei Flugzeugen gehen einem solche Kontraste besonders nahe. Der Abgrund, der *uns* von *ihnen* trennt, erscheint plötzlich unüberwindlich, das Gefühl, daß wir hoffnungslos im tauben Teil der Welt feststecken, läßt sich nicht mehr abschütteln, und die europäische Rhetorik unserer Führungsschicht wird zum vollendeten Beispiel schwarzen Humors. Zeit, sich zu entspannen und das zu genießen, was ist und sich nicht ändern läßt: die Schmutzschichten, die an Würste erinnernden Leute, den Gestank und die Langsamkeit. Zeit, diese Wirklichkeit zu lieben – sie ist einzigartig.

Zeit, Jaworsky zuzustimmen.
Es ist immer wieder interessant, Wolodymyr Jaworsky zu lesen, eine der seltsamen Gestalten und zugleich Helden des Lemberger Underground der siebziger Jahre, Autor des legendären Zyklus »Schläfrige Briefe aus dem Diamantenen Imperium und dem Königreich der Nördlichen Welt«. In einer Nummer der Kulturzeitschrift *Ji*, die unter dem Motto »Topos der Niederlage« stand, hat er einen Aufsatz veröffentlicht: »Ukraine ohne Beschuldigungen«, und ebendieser Text drängte sich mir im Waggon 3. Klasse des Personenzugs Nr. 606 Lemberg-Rachiw so dreist ins Bewußtsein.
Der Autor stützt seine Konzeption der Ukraine auf Begriffe wie *Ausdrucksleere* und *Erfolglosigkeit*. Das heißt, er konstatiert vor allem das Offensichtliche: das Scheitern der Innen- und Außenpolitik, der Wirtschaft, Wissenschaft, Kultur, das Scheitern von allem. »Es ist, als gäbe es uns nicht«, schreibt er. »Erstaunlicherweise wird das, was eine Masse von fünfzig Millionen Ukrainern tagtäglich tut, von der Welt kaum bemerkt. Es gibt auf der Erde wohl kein zweites Volk, das mit einer so bedeutenden Menge von Menschen eine so mickrige Resonanz erzielt.«
Die Erklärung für dieses erstaunliche Phänomen sieht Jaworsky im unkreativen Charakter der ukrainischen Gesellschaft. »Ich wage zu behaupten«, schreibt er, »daß in der ukrainischen Gesellschaft ein fataler Mangel an dynamischen, schöpferischen Menschen herrscht und man Trägheit und fehlende Kreativität als den hervorstechenden Charakterzug der ukrainischen Nation bezeichnen muß.« Daher die Enge von Denken und Tun, die Passivität, die feindselige, zumindest aber ablehnende Haltung allem

Neuen und Ungewohnten gegenüber, von der wirtschaftlichen Transformation bis zur zeitgenössischen Kunst. Nach Jaworsky halten sich die Ukrainer am liebsten ans Gewohnte, an das Herkömmliche und Vertraute, wie abstoßend es selbst ihrem Verständnis nach auch sein mag. Keine Frage, daß dies in einer ständigen Veränderungsprozessen unterworfenen, durch und durch dynamischen Welt Außenseitertum bedeuten muß. Zweifellos sind sich die Ukrainer ihres Außenseitertums bewußt, was sie aber nur noch tiefer in die Abgründe aus Minderwertigkeitskomplexen und Masochismus stürzt. »Überzeugt von seiner Unfähigkeit, etwas zu verändern, bleibt der Ukrainer taub gegenüber jedweden Aufforderungen, die Dinge in die eigenen Hände zu nehmen«, konstatiert Jaworsky. »Nur die Einmischung von außen kann ihn zu etwas bewegen.«

Mir scheint, daß Jaworsky trotz der oberflächlichen anthropologischen Amateurhaftigkeit seiner Konzeption intuitiv sehr scharf beobachtet. Beweise für die Richtigkeit seiner Auffassung springen überall ins Auge. Angefangen damit, wie die Leute aussehen, wie sie sich anziehen. Natürlich *so wie alle*. Und wonach streben sie? Nach Unauffälligkeit. Danach, eine sichere Nische zu finden und dort diese ganze Existenz, genannt Leben, abzusitzen. Daher ihre Orientierung nicht auf das Leben, sondern das Überleben. Und ihr Sozialverhalten? Äußerste Passivität, die eigene Position beschränkt sich auf Unzufriedenheit und dumpfes Meckern. Bei der Bewertung ihrer Lebensweise und der Gesellschaft insgesamt überwiegt das Mißtrauen. Alles Schweine. Vor allem die Politiker, egal welche. Sowohl die, die an der Macht sind, als auch die, die nach ihr streben. Lieblingsbeschäftigung? Konzerte *für umsonst und draußen*, Alkohol, Essen, Fernsehserien und Flugschauen*.

Verzeihen Sie meinen Zynismus, aber es wäre doch eine Sünde, sich solchen *Menschenmaterials* nicht zu bedienen. In gewissem Sinne ist es ideal für die Ausdehnung der oligarchischen Machtstruktur: in Maßen folgsam, in Maßen ängstlich, in Maßen gebildet, in Maßen uninformiert, oder besser – desinformiert. Die *nationale Elite*, zuverlässig geschützt von den vereinigten Horden der Ordnungshüter und Paten, nutzt die besondere sozio-psychologische Befindlichkeit aus, wo es nur geht. Sie braucht nur noch die verbliebenen Filetstücke unter sich aufzuteilen und den herrschenden Status quo auf Jahrzehnte hin zu sichern – ein Prosit den Enkeln und Urenkeln. Dabei kommt ihr gar nicht in den Sinn, daß auch ihr Weg der von Außenseitern ist, ahistorisch, azivilisatorisch, ein Weg ins Nirgendwo. Es kommt ihr nicht in den Sinn, denn auch sie stammt von hier.

Ich stimme Jaworsky fast in allem zu. Sogar seine zutiefst ukrainische Unsicherheit kenne ich von mir selbst: »Ich behaupte nicht, daß meine Darstellung der ukrainischen Gesellschaft der Wahrheit entspricht. Vielleicht bin ich der erste, der spürt, auf welch schwachen Beinen sie steht«, bekennt er.

Nur einem kann ich nicht zustimmen: daß all dies von Jemandem erdacht wurde; daß wir sind, was wir sind, weil Er es so wollte, und daß darin irgendwie unsere besonde-

* Dieses kostenlose Vergnügen ist allerdings nicht ungefährlich: Während einer militärischen Flugschau im Sommer 2002 auf dem Flugplatz Sknyliw bei Lemberg raste ein Jet in die Zuschauermenge. Das Unglück forderte viele Menschenleben.

re Mission besteht oder sogar ein *geheimer Sinn* liegt. Ich glaube, so ist es nicht. Und bitte Ihn, mir Beweise zu liefern, die meinen Glauben bestätigen.

2002

Romanze mit dem Universum

1

Ursache der Nostalgie ist wahrscheinlich die Liebe. Aber diese Annahme führt uns nicht weiter: Liebe ist wahrscheinlich die Ursache von allem auf der Welt. Wenn ich meinen eigenen, höchstpersönlichen Vermutungen folge, genauer gesagt meinen Durchdringungen, denn ich habe mich von ihnen tatsächlich durchdringen lassen wie – was wäre der originellste Vergleich? – von Röntgenstrahlen, dann erscheint die Erinnerung als Ursache der Nostalgie. Die ungenaue Erinnerung allerdings, unvollständig, unzulänglich, deformiert, eigentlich weniger die Erinnerung selbst als ihre Irrtümer. Und weder die verschiedenen Zeitschichten noch der Abstand zu damals/dort sind für diese Irrtümer verantwortlich, sondern der Umstand, daß irgendwer in unserer Seele Selektion betreibt und das eine geschickt einprägt, das andere geschickt löscht.
Ich will ihn, diesen Lügner, entlarven. Es ist ein Befreiungsversuch, ein Akt des psychologischen Widerstands. Dabei versuche ich, so konzentriert und konsequent wie möglich zu bleiben, anders kommt man ihm nicht bei. Vergangene Woche hat mir Jurko Isdryk von der brutalen Ermordung des alten M. J. geschrieben. In den letzten Jahren hat Pan Mykola in der Tat ein extremes Leben geführt, es mußte, wenn nicht mit Messerstichen, so doch mit Leberzirrhose enden. Weil in den Höfen, Hauseingängen und Wohnun-

gen jegliche Beleuchtung fehlt, erscheinen die Dezemberabende in Stanislau länger als irgendwo sonst. Die Herrschaft der Finsternis entfesselt die Hände, dumpfe Aggression sucht ein Ventil und vernichtet diejenigen, die am schutzlosesten sind.

Ich denke an M. J., an die Finsternis, an glitschige Trottoirs, tückische Treppenstufen, dunkle Liftkabinen und tausend andere alltägliche Gefahren. Dann aber merke ich, wie *er* sich regt (soll man ihn Regisseur nennen?) und wie *er* mich an der Nase herumführt. Eilfertig blättert die Erinnerung sogleich das Bild einer völlig anderen, früher einmal durchlebten Wirklichkeit auf und rührt an unwiederbringliche Verluste: einen sonnendurchfluteten August, hohe, dichte Pflanzen, einen See, das Baden im grünlichen, warmen Wasser, bis zur Geschmacklosigkeit zeigt die Erinnerung jedes Detail dieser Idylle, bis hin zu den (Sahne-!) Eiscremeflecken auf deinem Hemd, dem Ekzem in der durch einen Spalt der Umkleidekabine entdeckten weiblichen Achsel, dem zerdrückten Päckchen »Orbit«-Zigaretten auf dem Ufersand, aber damit nicht genug. Hinzu kommen Spezialeffekte: hängende Zweige, Ruderboote aus Holz, knarrende Riemen, von der Strandwacht weht Schlagermusik herüber – ja, Posaunen, vor allem Posaunen, Eduard Chil, Edita Piecha, Sofia Rotaru, das Ensemble »Orera« – alles klar, erste Hälfte der Siebziger, eine schlimme Zeit, wenn man den Dissidenten glaubt und den eigenen späteren Überzeugungen.

Wenn ich mich also bei solchen nostalgischen Anwandlungen ertappe, setze ich alles daran, sie zu bekämpfen.

2

Hauptsache, Ordnung in diesen Kampf mit der Erinnerung bringen. Denn was haben sie schon für einen Grund, nostalgisch zu werden, diese in die Jahre gekommenen und meist desorientierten Menschen? Was, von ihrer Jugend abgesehen, zwingt sie, mit Bedauern und Trauer zurückzublicken? Wo genau irrt ihre Erinnerung, wenn sie sonderbare Phantasien vom verlorenen Paradies konstruiert?
Genug zu kaufen? Meiner Erinnerung nach gab es das damals, Ende der sechziger, Anfang der siebziger Jahre, wirklich. Erklären läßt es sich mit einer gewissen Verschleppung des Tauwetters, als die fanatische Gigantomanie des vorherigen Regimes endlich einer vorübergehenden Aufmerksamkeit für den gar nicht so einfachen *einfachen Menschen* wich. Dieser Zustand dauerte kaum länger als ein halbes Jahrzehnt, aber all diese Dinge haben existiert, das läßt sich nicht leugnen: die Seife »Carmen«, eingewickelt in Papier mit einer mäßig dekolletierten Spanier-Zigeunerin auf dem Etikett, das Rasierwasser »Schipr« mit seinem unmöglichen Geruch, die »Gurkenlotion«, und dann noch ein Mückenmittel, dessen Name unabsichtlich den Dichtern der Dekadenz entlehnt war: »Abend«. Und alles mögliche andere.
Im Grunde handelte es sich um eine samtene Revolution im Parfümeriewesen. Die Gerüche ruft man sich besser nicht in Erinnerung, aber die Namen, die Namen! Einer der Branchenbosse hatte offensichtlich einen Nadelwald-Fimmel, daher begegneten einem auf Schritt und Tritt ganze Nadelhaufen auf den Etiketten: Seife »Fichtennadel«, »Fichten-

nadel«-Extrakt als Badezusatz, Zahnpasta »Fichtennadel« alias »Waldgeschmack«. Um bei Zahnpasta zu bleiben, füge ich hinzu, daß sie eben in jenen Jahren das archaische Zahnpulver aus dem Alltag ins Jenseits beförderte, das ein unverzichtbares hygienisches Attribut der Epoche des Personenkults gewesen war (vgl. die Kinderreime Kornej Tschukowskis als genuines Zeugnis dieser Ästhetik). Außerdem tauchte damals eine weitere aufregende Neuheit für den Mundraum auf: Zahnelixier! ... Wie hieß es noch? »Jugend«? »Frische«? »Morgen«? Einfach nur »Zahn-«?

Ein echter Warenboom, das läßt sich nicht leugnen, genausowenig wie all die Servietten, Tischläufer, farbigen Folien, Steppbetten, Tagesdecken, knallbunten Gardinen anstelle der früheren ärmlich-weißen Vorhänge. Oder die Wandteppiche, die interessanterweise Alpenlandschaften und Schwäne zeigten, vielleicht auch Hirsche. Elefanten gab es keine, aber ich kann mich irren.

Die klassische Kunst hielt Einzug in die Wohnungen der Werktätigen. Die Gemälde im goldenen Rahmen erstand man im erstbesten Laden mit dem Kultnamen »Kultwaren« – meist den »Italienischen Mittag« von Brjullow, »Die drei Recken« von Wasnezow, Surikows »Morgen der Strelitzen-Hinrichtung« oder einen anderen Morgen, »in einem Kiefernwald«, von Schischkin. Letzterer war der klare Favorit, seine Wald-Steppen-Landschaften vegetieren bis heute mit vielen anderen Stereotypen in den überfüllten Kammern des kollektiven Unbewußten dahin und zwingen viele Ukrainer, völlig grundlos das riesige Land im Nordosten zu lieben. Es gab auch »Wolgatreidler«, eine »Unbekannte«, »Krähen kamen geflogen«, das bewußte Ukrainertum umgab sich mit nichts anderem als den »Saporoher Kosaken, die einen Brief an den türkischen Sultan schreiben« und/oder mit Schewtschenkos Konterfei, ebenfalls aus dem Pinsel Repins.

Auch die Musikkultur stagnierte nicht, in vielen Wohnungen stand plötzlich ein Klavier. Dieses Instrument erwies sich als genauso unverzichtbar wie der Kühlschrank, obwohl es meist rein dekorativen Zwecken diente. Kühlschränke ab einem gewissen Zeitpunkt auch, aber das war später.

Musik erklang trotzdem jeden Tag und in voller Lautstärke. Neben den auch heute durchaus noch vorhandenen *Reproduktoren* (nicht ohne Grund Lügner genannt, obwohl mir gerade *Reproduktor* in diesem Sinne die viel beleidigendere Bezeichnung zu sein scheint) gab es Radiolos, Magnitolos, *Kombigeräte* (Radio, Kassettenrekorder und Plattenspieler in einer Person), *Transistorradios*, unter denen die *baltischen* Marken überwogen, »Spidola« und »Selga«, für mich auf ewig das unzertrennliche Paar am Strand: Spidola und Selga, Selga und Spidola, so wie Pat und Patachon oder Don Camillo und Peppone für die Westeuropäer zusammengehören und Minin und Poscharski oder Sacco und Vanzetti für die Russen.

Besondere Beachtung verdienen die Fernsehgeräte. In den späten Sechzigern hatten sie schon ganz annehmbare Bildschirmgrößen; unter dem Einfluß der Eroberung des Weltalls und einiger schrottreifer westlicher Modelle machte das Design Fortschritte, doch kann ich mich auch an all die Vorgänger, »Rekord«,»Rubin«, vielleicht auch »Frühling« in ihrem dreißig Jahre alten Goebbels-Look noch gut erinnern; ich erinnere mich, wie sorgfältig der Ehrenplatz für sie ausgesucht wurde, wie man sie tagsüber penibel mit

einem speziellen Tuch vor Staub und Mücken schützte; ihre Zeit kam abends, es waren Abendtiere, direkt an der Grenze von Dämmerung und Finsternis wurden sie an die Steckdose angeschlossen, wachten unter dem unbeschreiblichen Summen des Transformators langsam auf und erstrahlten erst nach unerträglichem, minutenlangem *Aufheizen* mit *blauer Flamme*; zuerst kam der Ton; es glich einer kultischen Übung oder Meditation, man war der Meinung (Gewohnheit des Kinosaals?), daß man in konzentrierter Dunkelheit fernsehen müsse, also schalteten die Gastgeber alle vorhandenen Lampen und Leuchter aus, die Nachbarn, geladene wie ungebetene, nahmen erwartungsvoll eine bequeme Position ein, das Leben stand still, jede Geste war unangebracht angesichts der neusten Fernsehnachrichten aus Moskau, der Ballettvorführung aus Moskau, der Kinobilder aus Moskau (damals nannte man die Filme noch *Bilder*), eine Séance des Wohlstands, verstärkt durch Sicherheit, und nur die (amerikanische? chinesische?) Atombombe konnte diese unverbrüchlich positive Welt erschüttern.
In dieser Welt gab es außerdem eine ganze Menge zum Anziehen, wenn auch klar auf die winterliche Jahreszeit ausgerichtet und daher voluminös, sackartig und schwer wie eine mittelalterliche Ritterrüstung. So schwer, daß man die Textilien weniger mit der Leicht- als mit der Verteidigungsindustrie assoziierte. Mir scheint, davon gab es in den Läden stets genug: Schapkas, Filzstiefel und die dazugehörigen Galoschen, warme Westen, flauschige Orenburger Tücher, Mäntel und Kurzmäntel mit den komischen, wohl eher dekorativen Krägelchen und Manschetten oder dubiosem Pelzbesatz (o all ihr ausgerotteten Eichhörnchenpopulationen!), wattierte Hosen, klobige Halbschuhe Typ »Leb-

wohl, Jugend«, auch *Scheißtreter* genannt, Gummi- und Kunstlederstiefel, ebenfalls *Scheißtreter*, Pelze, aber natürlich, Pelze, schließlich galt es als eine materielle Errungenschaft des (in jeder Beziehung) *rechtmäßigen* Gatten, für die *rechtmäßige bessere Hälfte* einen Pelz zu erstehen. Schließlich kaufte man höchstens alle fünfzehn oder zwanzig Jahre einen Pelz! Schließlich sind wir alle aus Gogols »Mantel« hervorgegangen!

Ja, es hatte einen klar eurasischen, irgendwie bärigen und zweitens militärischen Touch, weit besser geeignet für den Ural als die Karpaten, aber was sollte man sich um das versprengte Häuflein dort kümmern! (Es wäre übrigens unglaublich interessant zu untersuchen, wie sich seit der zweiten Hälfte der vierziger Jahre die menschliche Landschaft in Galizien verändert hat. Unter Landschaft verstehe ich vor allem das Äußere, besonders die Kleidung. Zu beobachten, wie all die Mazepynkas, viereckigen Hauben, Hüte und Hütchen, Westen, Breeches, Pumphosen, Regenmäntel Marke »Raglan« oder auch »Macintosh«, karierte Kappen und Gamaschen Tag für Tag mehr dem Vergessen anheimfallen und Schapkas, Pelzen, wollenen Kopftüchern weichen. Und Kunstlederstiefeln. Aber dies ist nur eine Abschweifung, und es ist wichtig, rechtzeitig innezuhalten, sonst gelangt man noch zu ganz anderen, vollkommen unerwünschten *Landschafts*beobachtungen.)

Wenn wir schon von Kleidung reden, fällt es schwer, ihre intimsten Elemente beiseite zu lassen. Das Paradigma der schweren und uneleganten, dafür aber besonders warmen Zuverlässigkeit und der unverwüstlichen Hygiene mußte sich auch auf diese *letzten Dinge* auswirken. Grobe wollene Unterhosen oder sogenannte *Schlüpfer* (hundert Prozent usbekische Baumwolle!), Liebestöter mit der Tendenz, an Hintern und Knien auszubeulen, Flanellunterröcke, lange *Unisex*-Unterhosen, kugelsichere Büstenhalter von *verschämter* Farbe mit sieben Riegeln, graublaue, an Strumpfhalter geknöpfte Damenstrümpfe, altbackene knielange *gekämmte* Strickunterhosen – all das war wie geschaffen, um Harnblasen, Hoden, Prostata und Milchdrüsen vor einer hypothetischen Erkältung zu schützen, die gesunde Fortpflanzung zu fördern und gleichzeitig die sexuelle Anziehungskraft massiv zu unterbinden, ja, vielleicht keine geringe Rolle bei der Aufrechterhaltung einer hohen gesellschaftlichen Moral zu spielen.

Sex gab es, glaube ich, wirklich nicht, genausowenig wie Desodorants, Bikinis, Halli-Galli und Hoola-Hoop. Zwar zeigten die sowjetischen Filme die Liebe, aber es war eine Liebe der Engel. Ehebrecher standen von Anfang an auf verlorenem Posten. Das Fehlen von Bordellen oder einer anderen Form von Prostitution machte den Sündenfall schlechthin unmöglich. Häusliche Enge und bedrückende Wohnverhältnisse ließen auch keine Gelegenheit, es, wie es sich gehört, daheim zu machen. Blieb die schwache Hoffnung auf Hotels, aber dazu mußte man erstens in eine andere Stadt reisen und zweitens lernen, das Hotelpersonal mit unzweideutigen Geschenken zu bestechen. Daher erlangten die Reiseschecks der Gewerkschaften in alle möglichen Sommerfrischen eine so große Bedeutung. Dank ihrer gelang es der Mehrheit der Bevölkerung, wenigstens einmal im Jahr zu flirten. Die zauberhaften Aromen des Mückenmittels »Abend« vernebelten die nächtlichen Altane. Ein Flirt reichte manchmal für Jahrzehnte süßer Erinnerung. Es waren wirklich Engel.

Von Zeit zu Zeit aber vollzog sich die schon erwähnte Fortpflanzung, nüchtern und verantwortungsvoll, gleichsam als Überstunden in der Produktion, Nachtschicht. Es hätte ewig dauern können, aber jede Ewigkeit stößt irgendwann an ihre Grenzen.

Ich erinnere mich an den Moment, als sich plötzlich alles änderte. Mit dem Rock 'n' Roll, oder war es Big-Beat (eben damals, Ende der Sechziger, Anfang der Siebziger) kam auch alles andere: Miniröcke, Bikinis, Prügeleien in der Disco, Saxophone und Sex. Ich will nicht behaupten, daß die Liebe kam. Sie war sicher auch vorher schon da.

3

Nun, richtig überzeugend ist das alles nicht, besonders was die Waren in den Läden betrifft. Als Grund für nostalgische Gefühle stehen sie, wenn überhaupt, an zweiter Stelle. Was also sonst?

Vielleicht das Gefühl von Gemütlichkeit? Ein Leben ohne Kataklysmen, das nach einem genau vorgeschriebenen Reglement verlief, das abgesicherte Voranschreiten auf einer festgelegten Bahn: Krippe, Kindergarten, Schule, Armee, Fachschule, Fabrik, Rente und Gewerkschaftsbegräbnis. Das Gefühl von Wohlbefinden erklärte sich damit, daß es den Menschen, ganz im Einklang mit der Partei, so schien, als verliefe das Dasein nach einem ebensolchen Plan wie das Ansparen von Geld für Möbel oder – wenn schon, denn schon – ein Auto. Und keine gemeingefährlichen Irren nachts auf der Straße, keine Polizeiberichte in den Zeitungen, geköpfte Leichen in Müllcontainern, erwürgte Säuglinge, Verbrechen im Drogenmilieu, keine Vorzeichen für das Ende der Welt – im Gegenteil: Strom, Gas, Aufzüge, billige und fast immer pünktliche öffentliche Verkehrsmittel, heiße Bäder, das abendliche Fernsehgeflimmer.

Diese wunderbare Illusion war eine Folge der strengen Dosierung von Information. Die Medien stimmten in ihrer Darstellung der Wirklichkeit überein, nirgends konnte man auch nur einen Hauch von Widerspruch oder Unabgestimmtheit entdecken. Die Welt wirkte intakt und ließ keinen Zweifel an der Logik des Fortschritts. Überall herrschte eine fast magische Dualität: zwei Fernsehkanäle – der gesamtsowjetische und der sowjetukrainische, zwei Radiosender – aus Moskau und Kiew, zwei abonnierte Zeitungen – eine aus der Hauptstadt, eine lokale.

Zur Befriedigung weitergehender Informationsbedürfnisse gab es Illustrierte und Fachzeitschriften, bei Wunsch nach Zerstreuung und Freidenkerei satirische Blätter (ein gesamtsowjetisches, ein sowjetukrainisches). Die Frauenzeitschrift mußte »Sowjetische Frau« heißen, berichtete von Heldinnen der Arbeit und Müttern mit vielen Kindern, druckte Gedichte über die erste Liebe und Novellen über moralische Schönheit, auf den letzten Seiten hagelte es Kritik an allen möglichen »Moden« und »Stilen«, denn natürlich wehrten sich die erwähnten Liebestöter und Filzstiefel verzweifelt gegen all die Miniröcke, Pferdeschwänze, Clips und künstlichen Wimpern. Das weibliche Schönheitsideal wurde auch weiterhin von der Doktrin eines Tschernyschewski oder einer Nadja Krupskaja vorgeschrieben. Über männliche Jugendliche war eigentlich nur bekannt, daß sie nicht masturbieren sollten, weshalb man ihnen so wenig Freizeit wie möglich lassen durfte und sie in alle möglichen Modellbauklubs schickte. Vielleicht riefen die von Anfängern gebauten Flugzeuge ja phallische Assoziationen hervor und dienten zumindest vorübergehend zur Kompensation.

Für die Ukrainer gab es die Zeitschrift »Ukraine«, für die Imker die »Imkerei«. Die Verehrer des literarischen Wortes konnten eine oder auch mehrere dicke Zeitschriften abonnieren, in denen ebendieses Wort schon im voraus tausendmal gewogen, überdacht, verbessert, gekürzt, abgestimmt und durchgestrichen war. Trotzdem wurden die Liebhaber der heimischen Schriftstellerei für alle Fälle aktenkundig gemacht, von entsprechenden Experten, die sich der Möglichkeit, zwischen den Zeilen zu lesen, voll bewußt waren.

Die dosierte Information konnte nicht nur aus Positivem bestehen. Der Westen bot Gelegenheit zur Sublimation. Düsterste Bilder totaler Katastrophen, angefangen bei nie dagewesenen Stürmen und Hurrikans bis hin zu Studentenunruhen, Entführungen von Journalisten, Mordanschlägen auf Präsidenten und Napalm-Feuern im Dschungel begleiteten die Verdammten jener Welt ihr ganzes Leben lang. Jene Welt ging eindeutig ihrem Ende entgegen. Dabei war es äußerst wichtig zu verhindern, daß sie kurz vor Schluß noch zu inhumanen atomaren Mitteln griff – man weiß ja, wie gefährlich ein Raubtier im Todeskampf ist. Daher *verteidigten* die Führer unseres Landes den *Frieden* in der ganzen Welt konsequent und unnachgiebig, Friedenspolitik erforderte Entschlossenheit, Frieden ließ sich am besten mit Hilfe von Panzern aufrechterhalten, was nicht nur das kleine tschechoslowakische Volk zu spüren bekam.

Die dosierte Information folgte klar festgelegten, allgemein anerkannten Parametern, die das jeweilige Maß an Notwendigem, Erlaubtem und Verbotenem definierten. Als in der zweiten Hälfte der Achtziger zuerst die Proportionen nicht mehr stimmten und dann immer ungenierter eine informationelle *Überdosis* verabreicht wurde, kam es, wie es kommen mußte. Das System brach zusammen.

Dieses besondere Informationsklima darf man in seiner Bedeutung keinesfalls unterschätzen, genausowenig wie die »Blauen Flämmchen« zu Silvester, die *gemütvollen* (noch so ein Wort!) Lieder vom Eigentlichen und die erstaunlich anheimelnde, sentimentale Serie über den Spion Stirlitz. Aber da war noch mehr.

Rituale, offizielle Feierlichkeiten aus bestimmten Anlässen, regelmäßiges, episodenhaftes Auftauchen von defizitären Nahrungsmitteln und Getränken zu Neujahr, zum 8. März, 1. und 9. Mai und auch zum 7. November; es gab epische Geburtstage, homerische Jubiläen und apokalyptische Verabschiedungen zur Armee, man besuchte sich ohne Ankündigung, es herrschte eine besondere Nähe zu den Nachbarn, eine gemeinsame Sicht auf die Welt, Kollektivismus. Ich erinnere mich an den riesigen, kaiserlich-königlichen Nußbaum im Zentrum meiner Kindheit und die gemeinsame Nußernte aller fünf Nachbarsfamilien, ich erinnere mich, daß die Nüsse gerecht geteilt wurden und wie das Ereignis triumphal, in einem grandiosen, lärmenden Fest mit Schnaps, Wein und Gesang bis tief in die Nacht endete (an einem Samstag, obwohl das eigentlich keine Rolle spielte).

In all dem steckt etwas zutiefst Slawisches, Dummes und Rührendes. Die Restauratoren des Imperiums wissen also,

was sie tun, wenn sie immer mal wieder an die sangesfreudige slawische Seele appellieren.
Und zu guter Letzt: Die strahlenden Siege der Eishockeyspieler mit den simplen russischen Namen (zum Beispiel Ragulin) über die debilen kanadischen Profis und alle möglichen tschechoslowakischen Freischärler. Diese Siege waren vielleicht das Ausschlaggebende.

4

Einige Jahrzehnte später gerätst du in die amerikanische Provinz und wirst von Erinnerungen überwältigt. Gewiß, mit Ähnlichkeiten mußtest du rechnen, schließlich hat man dir schon früher davon berichtet, und du hast dich nicht mal gewundert. Antipoden müssen sich ähneln, darin liegt ein gewisses metaphysisches Gleichgewicht, einmal angenommen, daß es so etwas gibt. Man braucht sich nur ins Bewußtsein zu rufen, daß in beiden Fällen – dem amerikanischen und dem sowjetischen – der Beginn einer neuen Epoche mit einem Kanonenschuß auf See markiert wurde.
Trotzdem muß ich sagen, daß es zu viele solche Ähnlichkeiten gibt. Es geht sogar so weit, daß mir die typischen Durchschnittsamerikaner (nein, nicht die Dämonen, Monster und Perversen in New York, sondern die normalen *Festland*amerikaner) wie ideale Sowjetmenschen vorkommen, auch wenn dieser Zuchterfolg, ungeachtet der angestrengten Selektionsbemühungen des Regimes, in Wirklichkeit nie gelang.
Ja, vor allem der Kollektivismus, das Verständnis, mehr noch, das Gefühl, ein Gefühl auf der Ebene feinster Zell-

strukturen, selbst Teil der Gesellschaft zu sein, dazu das ganze interne Gerede von Demokratie und Gleichheit multipliziert mit einem hohen Maß an gesellschaftlicher Aktivität. Die ehrenamtliche Tätigkeit als Selbstberuhigung und Kompromiß mit der Umgebung (eilt herbei, Gutes zu tun). Das Ideal eines guten Familienlebens, eheliche Treue, Kindererziehung, alttestamentarische Bibelfrömmigkeit, baptistische Rechtschaffenheit, Pardon, *protestantische* Ethik, in der das Kommunale und das Kommunistische ineinanderfließen. Die traditionellen Familienfreuden wie Halloween, wenn alle gemeinsam, Vater, Mutter, Kinder, die Augen und Zähne in Kürbisse schnitzen. Die Liebe zu Massenveranstaltungen, Teilnahme an städtischen Paraden und städtischen Sportwettbewerben, Schülerblasmusik der Jungen, akrobatische Darbietungen der Mädchen. Die Freiwillige Feuerwehr. Die uneigennützige Hilfe für Arme, geistig Minderbemittelte und die Polizei.

Wenn als Folge gewisser Aberrationen des Möglichen das Sowjetsystem wirtschaftlich effektiv gewesen wäre, hätte so der Kommunismus ausgesehen: ein Überangebot an Waren in den Supermärkten und Freizeit, die die Bürger auf Sportplätzen oder in *Hobbykursen* verbringen. Während man aber in der UdSSR das alles nur plante, ohne Aussicht auf Erfolg, wurde es in der amerikanischen Provinz verwirklicht.

Und wenn es auf wundersame Weise eines schönen Tages zum Teufel geht, dann haben diese Leute allen Grund zu *echter* Nostalgie.

5

Doch worin sich die beiden Systeme frappierend ähnlich waren, was ihnen die vertikale Gestalt gab und von der Zukunft aus gesehen ihre alles andere als noble Existenz rechtfertigte, war der Aufbruch ins Weltall. Als ich mir vor ein paar Wochen wieder einmal Tarkowskis *Solaris* ansah (was für Gelüste in der amerikanischen Provinz!), verstand ich wohl endlich die *message* dieses Films. Es ging um die vom Regisseur sehr stark empfundene Grenze im Verhältnis von Mensch und Weltraum. *Solaris* entstand in einer Zeit, in der sich das Bewußtsein langsam änderte; der wilde Eroberungsdrang wurde von tragischer Enttäuschung abgelöst. Die kosmischen Ambitionen beider Supermächte stießen an die Schwelle des Grenzenlosen.
Seit den späten Fünfzigern, ganz sicher aber am 12. April 1961, geriet die sowjetische Gesellschaft in den Strudel einer kosmischen Psychose. Der Aufbau des Kommunismus nahm neue, schwindelerregende Dimensionen an. Juri Gagarin schritt triumphierend durch die Welt, nachdem er ganz selbstsicher Mensch Nr. 1 des gesamten Jahrhunderts, wenn nicht der gesamten Geschichte geworden war und alle möglichen Kolumbusse und Galileos auf die Plätze verwiesen hatte. Nicht zufällig war er Russe, Parteimitglied, die klassische Mischung aus teils bäuerlicher, teils proletarischer Herkunft. Er war nach Marx, vielleicht zum Teil auch nach Hegel, die Krone der Schöpfung. Plötzlich war uns der Weltraum ganz nah, die Komponisten und Dichter schrieben schon Lieder über unsere Spuren auf staubbedeckten Pfaden ferner Planeten und über Apfelbäume (na-

türlich aus Mitschurins Zucht), die demnächst auf dem Mars blühen würden, Schüler erklärten wie selbstverständlich, später einmal Kosmonaut werden zu wollen, in den unteren Klassen hatten wir nicht den leisesten Zweifel, daß wir in zehn oder zwanzig Jahren mit Linienraumschiffen zu anderen Planeten fliegen würden wie jetzt mit der AN-24 nach Kiew. Ein neuer, sozrealistischer Typ von Sciencefiction ergoß sich in unaufhaltsamen Strömen nicht nur aus Büchern. Die Lieder habe ich schon erwähnt, und es gab noch das Kino, den Zeichentrickfilm, die Massenmedien. Es gab das Kunsthandwerk. Menschen mit Raumfahrerhelmen erschienen auf huzulischen Holztellern und auf Petrykiwer und Opischnjansker Keramik. In fast jeder Stadt wurde ein Kino oder doch zumindest ein *Kulturpalast* oder *-komplex* gebaut, der den Namen »Kosmos« trug. Noch heute kann man die charakteristischen Ruinen mit ihren riesigen Wandmosaiken gut erkennen: behelmte Köpfe im Profil, Sterne, Kometen, Satelliten auf ihrer Umlaufbahn. Die sowjetischen Designer, nicht allzu erfinderisch und unabhängig in ihren Ideen und Entscheidungen, stürzten sich derart schamlos auf diese Goldader, daß es mir schwerfällt, mich an eine Warengruppe zu erinnern, die von der allgemeinen Kosmisierung unberührt geblieben wäre – von »Orbit«-Zigaretten und »Sputnik«-Rasierklingen bis zum Schmuck für die Neujahrstanne (ja, erinnere ich mich, ein gläserner Kosmonaut, der sich von seinem Ast löste und zersplitterte, nachdem jemand mit seiner Schulter daran gestoßen war!). Ungefähr bis Anfang der Siebziger konnte jeder von uns, und hätte man ihn in tiefster Nacht geweckt, ohne nachzudenken fehlerlos die Namen aller sowjetischen Kosmonauten aufzählen, die schon im All gewesen waren.

Alles in allem dauerte diese Psychose ungefähr fünfzehn Jahre, vielleicht auch etwas kürzer, nahm aber, um das Zehnfache verstärkt durch den leidenschaftlichen und maßlosen Wettbewerb mit Amerika, immer dramatischere Züge an. Überall wurde diskutiert, was besser war: landen wie *wir* oder wassern wie *sie*; was ruhmvoller: den ersten Kosmonauten der Welt haben oder als erste einen Fuß auf den Mond setzen; was eher vom Mars aus beschossen würde: das Weiße Haus oder der Kreml.

Am Ende dieser Epoche gefiel es Gagarin, ums Leben zu kommen. Damit erfüllte er die höchste ästhetische Forderung seines aufrührerischen Jahrzehnts, gestellt von einem seiner verrückten amerikanischen Altersgenossen: jung zu sterben. Alle sprachen von seinem Tod. Aber was heißt sprechen – ich habe Leute gesehen, die um ihn weinten, und zwar nicht wenige. Es bedeutete das Ende der interplanetaren Romantik. Wodurch wurde diese Harmonie der Empfindungen erschüttert?

Die Idee überwand sich selbst. An die Stelle von Romantik und Siegesgewißheit (was für ein Sieg? worüber?) trat eine für die aufgewühlten Massen nicht attraktive Pragmatisierung, die ambitiöse *Eroberung* überließ ihren Platz der bescheideneren *Erforschung*. Gegen Ende der Siebziger ertappten wir uns schon dabei, daß wir gar nicht wußten, ob gerade jemand im All war oder nicht. Die Romanze des Systems mit dem Kosmos war stürmisch, aber kurz, aus der metahistorischen Perspektive mikroskopisch klein und nichtig. Ihren Epilog bildete das hemmungslos-graphomanische Bacchanal der Wahrsager, Bioenergetiker, politischen Astrologen, kosmischen Heiler, scharlatanischen Zeremonien, parareligiösen Zusammenkünfte. Und die russi-

schen Satelliten, unergründlich wie die russische Seele, die von Zeit zu Zeit aus ihrer Umlaufbahn gerieten.
Ganz ohne Zweifel aber wohnt sie, die Nostalgie, in dieser Romanze.

6

Seit kurzem weiß ich, wie ich sie bekämpfen kann.
Dazu genügt, am Ende der Zeiten irgendwie in New York zu landen. Es genügt, am letzten Tag des Jahrtausends den Ozean sehen zu wollen. Denn in New York wird Ihnen der Gedanke keine Ruhe lassen, daß Sie sich direkt am Meer befinden, es aber praktisch nicht sehen.
Eine Karte hilft, dieses Paradoxon des Raums zu überwinden. »Siehst du«, sagte mein Freund nach zehn Jahren Leben in der Höhle des Gelben Teufels, »siehst du, ich bin nicht der erste, der feststellt, daß Manhattan seinen Umrissen nach stark an ein männliches Geschlechtsorgan erinnert, das sich Festlandamerika zuwendet. Je nach Lust und Laune vergewaltigt es Amerika und dann den Rest der Welt. In seinem Körper fließt das immer neue Blut der afrikanischen und südamerikanischen Bronx und Harlems, darunter liegt der gierige Ameisenhaufen China-Town inklusive seinem griechisch-indo-babylonisch-austro-ungarischen Gemisch. Die untere Zacke, die heiße Eichel, die Vorhaut, bilden nicht von ungefähr Wallstreet und Umgebung, Epizentrum unserer Zivilisation: Glas, Metall, Gipfel und Abgründe der Wolkenkratzer, Glanz des Goldes, Weltenbörse, Geld-Gambling, Machinationen mit der Maschinerie der Materie. Wenn Manhattan das Glied darstellt, dann Brooklyn die Eier oder wissenschaftlich ausgedrückt:

die Testikel. Und ganz unten am Hodensack hast du *the rest of best*, das stagnierende Brighton Beach.«

Der letzte Tag des Jahrtausends war sonnig, sogar am Grunde des Hodensacks. Am Vortag war, selten in dieser von warmen Miasmen geschützten Zone, Schnee gefallen, der Zugang zum Ozean war verweht, aber wir näherten uns ihm unaufhaltsam. Energisch wie durch die winterliche Steppe stapften wir in riesigen Fußspuren und bemühten uns dabei vergeblich, die Länge der von ihnen markierten King-Kong-Schritte zu erreichen. Der Ozean war er selbst geblieben und demonstrierte, da er ja über nicht mehr und nicht weniger als die Ewigkeit verfügte, Desinteresse an all den vermeintlichen Millennien und Chronologien. Die Möwen waren riesig, und wir fotografierten uns mit ihnen vor dem Hintergrund des unsichtbaren Portugal. Schließlich gingen wir über denselben Schnee in die entgegengesetzte Richtung, wo hinter einem typischen und uns sehr bekannt vorkommenden *Hochhausgebäude* (ach, die Plattenbausiedlungen, dieser verwirklichte Siebzigerjahretraum vom Schlüssel zur eigenen Wohnung, diese Ironie des Schicksals an Silvester!), ja, hinter chimärisch-odessitischen und gleichzeitig sympathisch-exotischen Reklameschildern (*Volna Restaurant, Рыбная База, Sushi Bar Sadko*) erahnte man den Däumling Sowjetunion, das auf mikroskopische Größe geschrumpfte Sechstel der Erde, seinen Klon, Bazillus, das *russische Amerika*, wieder so ein Gag des Universalen Designers – der ja auch der Ukraine die Form eines zerbissenen Herzens und Manhatten die eines phallusähnlichen Auswuchses gab.

Und schon bist du mittendrin, alles erwacht zu neuem Leben, es verfügt über die superbiologische Fähigkeit, sich zu reproduzieren: Schapkas, wollene Kopftücher, Stöße in den

Rücken, schmutziger Schneematsch unter den Füßen, Alla Pugatschowa, Kunstleder, Goldzähne, *stehen-Sie-nicht-im-Weg-rum-musch-tschina*, der Geruch verschwitzter Pelze, Straßenverkauf von Tschebureki und Heringen, chaotisches Raffen von allem, was auf die Hälfte des Preises *runtergesetzt* ist, auf ein Viertel, auf fast nichts, und der Gastronom, völlig überfüllt, und eine Schlange nach irgendwelchen – Herrgott noch mal! – Fischkonserven, Ellbogeneinsatz, Hast, Halwa aus Sonnenblumenkernen, Gennadij Hasanow, das Geheule fieser Verkäuferinnen, Gezeter um den Platz in der Schlange, der warme Atem der Gemeinschaft, ja, genau das ist es – alles wie immer, einunddreißigster Dezember, Silvester, die letzten Stunden, die letzte Dämmerung, der letzte Sonnenuntergang, nur – in welchem Jahr: achtundsiebzig? Zweiundachtzig? Unter Breschnew oder schon unter Andropow? Sekt *auf Bezugsschein* oder *nur über Beziehungen*? Und was mache ich überhaupt hier, in diesem Land meiner süß-schrecklichen Jugend?

Nein, nicht die knarrenden Riemen der Ruderboote und nicht das grünliche Wasser der Seen, nicht das dichte Gras oder der erste, in der Umkleidekabine erhaschte Blick auf einen nackten Körper, sondern stickige Luft, Feuchte, sich gegenseitig auf die Füße trampeln, fremder Atem im Nakken und toter Fisch! Unmengen toter Fisch!

Das einzige, was bleibt, ist das schon *damals* eingeübte, schon in jenen Zeiten formulierte »Nur weg hier!«.

Erst in der Metro, nach sechs oder sieben Stationen, als man im Waggon spürbar weniger russische Worte hörte, beruhigte sich der Flüchtling in mir langsam. »Gott sei Dank, Chinesen«, seufzte ich und betrachtete liebevoll die neu

Zugestiegenen. Und nicht nur sie war ich bereit zu umarmen. Gott sei Dank, Schwarze, sagte ich, Gott sei Dank, Mexikaner, Inder, Perser. Gott sei Dank, daß wir über einen ganzen Kosmos verfügen. Gut, daß wir in Manhattan aussteigen. Dort lösen wir uns im abendlichen Leuchten auf, und unsere Spur verliert sich.

2001

Mit sonderbarer Liebe

Zum ersten Mal habe ich vor elf Jahren mit Rußland Schluß gemacht. Den ganzen Winter und einen Teil des Frühjahrs verbrachte ich damit, die *Moscoviada* zu schreiben – vielleicht nicht der beste, ganz sicher aber der leidenschaftlichste meiner Romane. Das war in der altmodisch-eleganten und auf großbürgerliche Art gemütlichen Villa »Waldberta« unweit des Starnberger Sees, in der Gegend von München mit seinen mechanischen Spielfiguren und unzähligen anderen Verlockungen. Meine geopolitische Wahl hatte ich ohne Zögern getroffen: Westen, Westen und nochmals Westen. Und da ich den Roman selbst als *Schreckensroman* bezeichnete, mußten Rußland und vor allem Moskau in ihm schrecklich erscheinen. Die ganze leidenschaftliche Spannung des Romans, so scheint mir heute, resultierte aus dem Zusammentreffen der realen (westlichen, bayrischen) Welt mit der imaginierten (östlichen, Moskauer). Letztere, obwohl noch ganz frisch in meinem Gedächtnis, hatte schon die unvermeidlichen dichterischen Veränderungen erfahren. Wahrscheinlich schöpfte ich aus diesem Kontrast meine Energie.

Zusätzliche Dramatik lieferten die Sendungen des russischen *Radio Liberty*, damals noch aus München. Ich hörte sie meist abends, erschöpft, nachdem mein Held und ich den ganzen Tag durch das imaginierte und halb verfallene Moskau geirrt waren. Aus der ehemaligen UdSSR kamen besorgniserregende Nachrichten. Irre Inflationssprünge, Mangel an Papier, Strom, Streichhölzern und Mehl – für die Ukraine konnte das ungefähr so enden wie in den Jahren 1918-1920. Am 23. Februar verkündete eine *Gruppe von Offizieren der Sowjetarmee* die Wiederherstellung der Union. Das Imperium strebte danach, wieder zusammenzuwachsen, und dafür waren ganz und gar keine übernatürlichen leidenschaftlichen Anstrengungen nötig. Manchmal schien es, als wäre alles nur eine Frage von Wochen oder sogar Tagen. Man mußte etwas dagegen tun. Ich tat, was ich konnte.

Damals machte ich zum ersten Mal Schluß mit Rußland. Zum zweiten Mal tat ich es während des ersten Tschetschenienkrieges, zum dritten Mal während des zweiten.

Aus der Zeit des ersten ist mir der Auftritt eines ranghohen Vertreters der *Staatsgewalt* in der Nachrichtensendung »Wremja« in Erinnerung geblieben (damals wurde sie bei uns noch gezeigt). Er sagte, daß der Krieg nach der Einnahme Grosnys ins nächste Stadium übergehen und zum Partisanenkrieg werden würde. Wir aber sind einer solchen Entwicklung gewachsen, versicherte er, können uns auf die Erfahrungen in der Westukraine Ende der Vierziger stützen, wir verfügen über genügend von unseren Vätern erprobte Methoden.

Beim Wort *Methoden* erinnerte ich mich an die Erzählungen eines alten Moskauer Professors, eines Puschkinisten. Ende der vierziger Jahre, als er noch kein Professor war (Puschkinist vermutlich aber schon), wurde er zum Dienst in ein Vernichtungskommando irgendwo in den Karpaten gezogen. Eine der Geschichten handelte von einer *Bande*, die sich in einer Höhle festgesetzt hatte und von dort blindwütig um sich schoß, geradezu Feuer spuckte, bis man Lüftungsschächte in die Seitenwände der Höhle bohrte und Gas einleitete. Unter entsetzlichen Krämpfen entschliefen ausnahmslos alle *Banditen* auf ewig. Eigentlich war die Idee gewesen, daß zumindest einer die Waffen strecken und ins Freie getrieben würde. Aber so einen gab es unter ihnen nicht, wovon der alte Professor mit Hochachtung sprach. Aus *Banditen* ohne Legitimität waren im Handumdrehen respektierte *Krieger* geworden. Tote Krieger allerdings.

Keine Ahnung, warum mir das in den Sinn gekommen ist. Wahrscheinlich geht es mir vor allem um mich selbst. Ich will Rußland lieben, und meine Ausbrüche von Haß auf das Bruderland, das – wozu leugnen? – schon lange ein wichtiger Teil unserer selbst geworden ist, beunruhigen mich. Leider aber läßt mir der russische Staat keine Chance, er unternimmt eine Gasattacke nach der anderen und paralysiert das im Entstehen begriffene Rußland, jenes, für das ich mich begeistern will. Es geht mir um seine, Rußlands, nichtimperiale Möglichkeit. Kann sie denn niemals Realität werden?

Tatsächlich muß man heute, nach dem mißlungenen Versuch postimperialer Transformation in der ersten Hälfte der neunziger Jahre (falls es einen solchen Versuch überhaupt gab), diese Frage brutaler und offener stellen: Gibt es eine solche Möglichkeit überhaupt? Kann Rußland jemals kein Imperium sein?

* * *

Im Grunde weiß ich nicht, warum in meinem Wertesystem Imperium als etwas Schlechtes firmiert. Mehr noch, ein ganz konkretes Imperium – das russische. Denn Hand aufs Herz, das Britische, Osmanische oder Heilige Römische

Reich lösen bei mir keinen vergleichbaren Adrenalinstoß aus. Vom Habsburgerreich schweige ich lieber ganz, da ich vielen Lesern in der Ukraine offenbar noch immer als eine Art Agent Oberst Redls gelte.

Am einfachsten ließe sich meine Idiosynkrasie mit dem traditionellen Ballast galizisch-*westlerischer* Vorurteile erklären. Aber dieser Ballast, obwohl ich ihn nicht leugnen kann (und sei es nur die Rede von den Russen als *sie*), ist wohl kaum entscheidend. Die heutzutage wenigen und immer seltener werdenden Erscheinungen galizischer russophober Begrenztheit ärgern mich nicht weniger als die aggressivsten antiukrainischen Eskapaden professioneller Kämpfer für die Einheit der Rus'.

Überhaupt ist die Vorstellung von einer *verinnerlichten* Russophobie der Galizier oder Westukrainer insgesamt ein chronisch weitverbreiteter russischer Mythos, der verzweifelte Versuch, sich die problematischen oder, milder formuliert, nicht ungetrübten Beziehungen zu den *jüngeren Brüdern* zu erklären, wobei man von der These der zwei Ukrainen ausgeht, von denen eine, die größere, pro-russisch und überwiegend auch russischsprachig ist und die zweite, die kleinere, Rußland haßt und konsequent den hellen Himmel der brüderlich-slawischen Beziehungen zu verdunkeln sucht. Genetisch stammt diese These aus denselben Kabinetten, in denen ein Jahrhundert zuvor schon das Verständnis von der Ukraine als einer *politischen Intrige einiger deutscher und österreichischer Minister* formuliert wurde. Wie jede Wahrheit, die aus Kabinetten stammt, ist sie vor allem naiv, im Grunde ein Versuch der Selbstverteidigung gegen die Realität: Das antirussische Böse wird irgendwo in einem weit entfernten territorialen Winkel lokalisiert, an den düsteren westlichen Rändern, in der fatalen und hinterhältigen Sphäre österreichisch-ungarischer, polnischer, deutscher und inzwischen auch schon amerikanischer Einflüsse. Mit den Amerikanern geht es übrigens ein bißchen durcheinander. Sie gelten mal als potentielle Rivalen und sogar Feinde bei der nächsten Aufteilung dieser Einflußsphären, mal als engste Verbündete im Kampf gegen den Terrorismus.

In Wirklichkeit gibt es viel mehr als zwei Ukrainen (sagen wir, mindestens zweihundertzweiundzwanzig), und wo genau die ukrainischen Trennlinien heute verlaufen, weiß man nicht, fest steht nur, daß sie überall verlaufen, aber nur äußerst selten geographisch zu verorten sind.

* * *

Aber dennoch: woher kommt sie, meine Aversion gegen das russische Imperium? Womit hat es sich an mir versündigt, wenn ich fragen darf?

In meiner privaten Mythologie taucht der Sommer 1968 auf. Ich bin acht Jahre alt, habe die erste Klasse hinter mich gebracht und bin in den Ferien irgendwie nach Prag geraten. Seitdem bedeutet mir diese Stadt unendlich viel: Das Gefühl eines Juliparadieses auf Erden hat sich für immer in meinen Visionen eingenistet. Im Juli 1968 konnte ich noch nicht verstehen, um so mehr aber spüren, was sich hier abspielte: Es war der Prager Frühling auf seinem Höhepunkt, das Pulsieren der Freiheit, eine Menge ausgelassener junger Leute auf den Straßen und Plätzen. Ich wünschte mir genauso lange Haare und wollte mich genauso souverän bewegen. Ein paar Wochen später, ich war schon wieder zu Hause, wurde das alles brutal gestoppt – durch die Militär-

invasion. Irgendwas stimmt nicht mit unserer Wirklichkeit.
Natürlich versuchte ich in dem Alter nicht, die politischen Gründe dessen zu verstehen, was passiert war. Die Invasion stellte sich mir als Ausdruck eines zutiefst ästhetischen Konflikts dar. Eine phänomenal schöne Stadt voller ausgelassener junger Leute schien mir ästhetisch unvereinbar mit dem System, zu dem ich gehörte. Ich mußte wählen, Stellung beziehen. Das System bot Panzer auf – ein ästhetisches Argument, das für einen achtjährigen Jungen vielleicht sogar um einiges attraktiver hätte sein können als ein Hippie-Karneval vor mittelalterlicher Kulisse. Ich weiß nicht warum, aber trotzdem fiel meine Wahl in diesem Konflikt nicht auf die Panzer.
Wieder bleibt nur festzustellen, daß unsere Vorlieben, unkalkulierbar wie sie sind, dennoch alles bestimmen. Doch warum schreibe ich dann diese Zeilen? Es hätte ja genügt, kleinmütig zu bekennen, daß ich Rußland und alles Russische einfach nicht mag. Doch das wäre eine schreckliche Unwahrheit. Oder noch schlimmer – eine schreckliche Wahrheit.

* * *

Auf Kinderart teile ich ein Blatt Papier mit einem Längsstrich in zwei Hälften und versuche, in die eine Spalte das *Positive*, in die andere das *Negative* einzutragen. Es geht um Rußland, um das, was ich von Rußland halte. Früher einmal haben wir in der Schule Homers Odysseus auf diese Weise analysiert – klug, aber verschlagen, scharfsinnig, aber tückisch, zielstrebig, aber gnadenlos, Held, aber auch Schurke. Jetzt habe ich auf der Positivseite des Blattes »geistige und seelische Aufrichtigkeit, Kühnheit und Tiefe« (von der wir Ukrainer nicht einmal träumen können), »wunderbares Nicht-von-dieser-Welt-Sein«, »besonderes anarchisches Vermögen, sich über den Alltag und alle Kleinig- und Kleinlichkeiten zu erheben«, »unbestreitbare kulturelle Souveränität und Intensität«. Auf der Negativseite – »Polizei-/Geheimdienstcharakter der Staatsmacht«, »manipulativ-desinformierende Massenmedien«, »zynisch-technologisches Politikum«, »xenophobische Intoleranz – rassisch, religiös, national«. Alles *Positive* bezieht sich auf individuelle, einzelne Persönlichkeiten, alles *Negative* aber auf das Gesellschaftliche, das System als Ganzes. Mit anderen Worten, man sieht sich gezwungen, der Logik des Marquis de Custine oder wer es war (ich erinnere mich nicht genau) zu folgen: daß nämlich sie, die Russen, als einzelne begeistern, als gesellschaftlicher, in ein staatliches Ganzes vereinigter Organismus aber abstoßen. Da haben Sie's: begeistern und abstoßen, entweder oder, Extreme *à la russe*.

* * *

Der Verbleib in der *russischen Zone* bedeutet für die Ukraine, daß sie besonders das Negative kopiert. Die genetische Nähe der heutigen ukrainischen Führungsspitze zum *russischen ästhetischen Ideal* umfaßt nicht nur ehrliche Begeisterung über den brutalen Gangster-Film »Bruder 2« oder ordinären Banditen-Pops, sondern als unausweichliche Folge dieser Vorlieben auch das starrsinnige Bestreben, den eigenen Staat nach russischem Vorbild *zu stabilisieren*, die Putinsche Standfestigkeit und Alternativlosigkeit zu erreichen. Um dieses Projekt zu verwirklichen, fehlt nur noch eine Lappalie, eben die Person des *ukrainischen Putin.* Die endgültige Übergabe unserer lokalen Souveränität in die Hände des einzig wahren Putin bleibt daher eine ganz reale Perspektive, natürlich gegen gewisse Eigentumsgarantien und persönliche Immunitäten. Manchmal scheint es, daß die Verwirklichung dieses Projekts kurz bevorsteht und wir schon morgen in einem anderen Land aufwachen. Manchmal scheint es ganz und gar nicht so – dann hat das Pendel wieder in die entgegengesetzte Richtung ausgeschlagen. Trotzdem, angesichts des relativen Erfolgs ebenjenes geopolitischen *Stabilisierungs*-Projekts ertappe ich mich bei dem Wunsch, so laut wie möglich Chwyljowyj zu zitieren: »Weg von Moskau!« Es tut mir leid, daß ich zu einer solchen Steinzeitlosung greife. Chwyljowyj sah sich allerdings später zu der Erklärung gezwungen, daß es ihm nicht um Moskau an sich ging, sondern um Moskau als *Hauptstadt des Spießertums*, das bourgeoise Moskau der Neuen Ökonomischen Politik, das die Marxschen Arbeiterlehren verraten hatte und schändlich auferstanden war. Sollte ich seinen kategorischen Ruf nun selbst ausstoßen, müßte auch ich spezifizieren, um welches Moskau es mir geht. Nicht um das inoffizielle, das Moskau ohne Moskauer Aufenthaltsgenehmigung, wo auf beschämend geringer Wohnfläche manchmal so viele freie und freigebige Menschen zusammenfinden, daß man zwischen ihnen ganz beschenkt und beglückt umhergeht: noch ein Schritt, und es beginnt: Gitarren, Zigeuner, Bären, rätselhaftes Kribbeln der Seele, der Lauf einer Pistole an der Schläfe, das große Geheimnis einer unendlich komplizierten psychischen Struktur und schließlich der triumphierende Ausruf »Das kriegst du für Sewastopol!«.

* * *

Meine persönliche Erfahrung mit der lateinisch schreibenden Welt, dem Okzident, umfaßt elf Jahre. Seit jenem Jahr 1992, als es mich in die Jugendstilvilla »Waldberta« im Voralpenland verschlagen hatte und ich meine politisch unkorrekte *Moscoviada* schrieb, seit jenen aufwühlenden Winter- und Frühlingstagen versuche ich, mich im Verständnis meiner westlichen Kollegen als Nichtrusse zu positionieren. Im Grunde der Versuch, die eigene kulturelle Souveränität zu verteidigen. Aber wozu habe ich mich da verstiegen? Es geht doch um etwas ganz Privates, Innerliches und Persönliches. »Es ist, als ob du Iwan hießest, man dich aber immer Pawlo nennt«, erläutere ich meine Insistenz. »Ach, ehrlich?« lächeln sie ungläubig. »Also gut, wenn es dir so wichtig ist, dann nenn dich Iwan. Obwohl du in Wirklichkeit ja doch Pawlo bist.« So in der Art.

Im zwölften Jahr meiner Abendlandfahrten bin ich schon ein bißchen müde geworden, obwohl ich stur dabei bleibe:

– zu widersprechen, wenn es heißt, Dostojewski habe mir näher zu sein als Hesse;

– Komplimente für das russische Ballett als falsch adressiert zurückzuweisen;

– zu erläutern, daß die Sprache, in der ich Essays und Romane schreibe, nicht erst 1991 und auch nicht von Präsident Krawtschuk erfunden wurde;

– darzulegen, daß mich die Melodie »Ka-lin-ka, Ka-linka« völlig kalt läßt;

– bei jedem ihrer »Dabrom poschaljuista!« gequält zu lächeln.

Ich bleibe bei diesen und Dutzenden anderer spasmischer Gesten, es geht mir, wie gesagt, vor allem um mein individuell-individualistisches Ich, daß man, verdammt noch

mal, jemanden anderen in mir sieht, bedeutet, daß man mich im Grunde verdammt noch mal überhaupt nicht sieht. Es ist eine Art Selbstschutz, meine verzweifelte Weigerung, die Realität anzunehmen, ein für allemal zu akzeptieren, daß das Wort *Horilka* das Wort *Wodka* aus ihrem konsumtiv-hedonistischen Bewußtsein nicht mehr verdrängen wird, dabei vergehen die Jahre, sie aber grüßen mich weiter mit ihrem »Dabrom poschaljuista!«, worauf ich mit den Zähnen knirsche und von der Einführung der lateinischen Schrift in der Ukraine träume …
Aber, fragt mein Freund, der Dichter Andrij Bondar, wobei er nicht einmal sich selbst, sondern einen Klassiker zitiert: Was würde dann aus der zarten Flamme des *ї*, was aus der Mondsichel des є?
Was wird aus *ї*, was aus є, was aus *Я*, aus dem Ich?

* * *

Bei meinen geo-(kulturellen? politischen? poetischen?) Konstruktionen pflege ich mich auf einige wenige Ephemeriden zu stützen. Ostmitteleuropa zum Beispiel. In letzter Zeit bin ich ausschließlich damit beschäftigt, die tückische Frage »Und was soll das sein?« abzuwehren. Ich verwische bewußt seine Grenzen, mystifiziere und werfe Nebelkerzen. »Es ist New York«, sage ich. »Eine Säule in der Gegend von Rachiw in den Karpaten. Das Territorium des Postmodernismus, reich an Gedächtnis und Hoffnung. Ein Territorium voller Ruinen. Ein bewegliches Territorium, das gen Osten driftet. Es ist mein letztes Territorium.«
Seit kurzem weiß ich, was Ostmitteleuropa für mich nicht ist: Es ist weder gleichbedeutend mit den Überresten der Habsburger Donauidylle (was man irrtümlich aus meinen

früheren Schriften folgern könnte), d.h. dem Territorium des alten Österreich-Ungarn, noch mit den Zimtläden, den Wiener Postkarten, den alten galizischen Witzen, weder mit Sacher noch mit Masoch, Kafka, Musil, Schulz, Roth und all den anderen.

Gewiß, das alles gehört dazu, es existiert, aber irgendwo tief innen – *im Unterbewußtsein.*

Nicht im Unterbewußtsein existiert der uns historisch viel nähere Raum der kommunistisch-totalitären Herrschaft, also doch Bruchstücke eines Imperiums, aber andere: Es handelt sich um die westlichen Bruchstücke des russisch-sowjetischen Imperiums im weitesten Sinn (nicht nur in den Grenzen der ehemaligen UdSSR, sondern darüber hinaus seine Kolonien, Dominien, Protektorate und Satelliten). Auf diesem Gelände ist Österreich praktisch abwesend (das *Habsburger* Verständnis von Ostmitteleuropa verschwindet endgültig), statt dessen gibt es die ehemalige DDR, und nicht nur im Sinne des antisowjetischen Arbeiteraufstands von 1953.

Die Grenzen *dieses* Ostmitteleuropas lassen sich zum Teil nicht ohne erhebliche historische Bedenken ziehen. Was tun mit den Abtrünnigen: Titos Jugoslawien, Ceauşescus Rumänien oder dem Albanien Enver Hoxhas? Ich gehe davon aus, daß auch sie dazugehören: selbst wenn es ihnen gelungen war, sich politisch aus Rußlands Grenzen und Rußlands direktem Diktat zu lösen, sie blieben unter dem Einfluß des russischen Herrschaftsparadigmas. Ein Fleisch, ein Blut.

Mein Ostmitteleuropa ist also das ehemalige *sozialistische Lager, der Ostblock.* Die Gegenden, deren Bevölkerung die auf den Zweiten Weltkrieg folgende Aufteilung der Welt mehrheitlich als extrem unbefriedigend und kränkend empfand, weshalb ihre direkten Nachkommen die nächste, ihrer Meinung nach gerechte Aufteilung 1989-1991 freudig unterstützten. Mit anderen Worten, es handelt sich um die Gegenden, wo im vergangenen halben Jahrhundert die Probleme mit Rußland und damit auch die Aversionen gegen Rußland immer heftiger geworden sind. Taras Prochasko hat *dieses* Ostmitteleuropa sehr zutreffend als Territorium beschrieben, das am ehesten zum Partisanenkrieg neigt. Und in der Tat befindet es sich überall dort, wo die »Waldbrüder«, die Armia Krajowa, die UPA agierten, es ist Budapest 1956, Prag 1968 und Gdańsk 1980.

Es handelt sich um jene Gegenden, wo Menschen um die vierzig und älter in der Schule noch Lenins Lebensweg studierten, auf absurde Exkursionen nach Moskau, Leningrad und Wolgograd gingen, Jeans und Kaugummi *dorthin* brachten und mit Alkohol, Fernsehgeräten und Juwelierwaren wieder zurückkamen. *Daher* nicht verwunderlich, daß sie das alles auch auf russisch sagen und durchaus kyrillische Buchstaben lesen können.

Was sie aber nicht immer zugeben wollen.

* * *

Ich habe wohl kaum das Recht, es dabei zu belassen, uns jeder Chance zu berauben. Ostmitteleuropa zu definieren als »Territorium, wo man Rußland ablehnt«, als antirussisch, womit ich ebendie Sünde, »das Böse zu lokalisieren«, wiederholen würde, für die ich die russischen Ideologen so scharf kritisiere.

Und was, wenn ich in dieser ausweglosen Situation alles auf den Kopf stelle und an die Liebe denke?

Ich zweifle nicht an ihr, sie existiert.

Meine Liebe zu Rußland ist eine ostmitteleuropäische. Sie trägt die Erinnerung an das Unrecht, an jede einzelne Gasattacke in sich. Aber sie akzeptiert die Hoffnung. Die ostmitteleuropäische Liebe zu Rußland ist alles andere als ein Trugbild, sie ist überall dort, wo die Menschen russisch sprechen und kyrillisch lesen können (auch wenn sie es nicht immer wollen). Ich glaube, darin steckt ein unglaubliches Potential. Nennen wir diese Realität omnipotent.

Es ist eine sonderbare Liebe, und sie stellt Bedingungen. Echte Liebe ist immer ultimativ. Echte Liebe, das ist die Pistole an der Schläfe.

»Was will ich von Europa?« fragte der weißrussische Intellektuelle Andrej Dynko Mitte der neunziger Jahre. »Daß dieses Traumbild meinen Hunger stillt, meinen Durst löscht und meine Essays und Romane druckt. Aber es stillt keinen Hunger, löscht keinen Durst und druckt nichts. Was will ich sonst von Europa? Ich will, daß dort nicht Rußland ist.«

Wie Dynko, der Stratege, frage auch ich, wobei ich seine Worte variiere:

Was will ich von Rußland?

Zuvorderst einige elementare Dinge.

Daß es den Genozid stoppt und die Unabhängigkeit Tschetscheniens anerkennt.

Daß es aufhört, Druck auf die Ukraine (*und alle möglichen anderen Schweden*) auszuüben: wen sie, die Ukraine, wählen oder nicht wählen soll, mit wem sie sich zusammentun soll und mit wem unter keinen Umständen.

Daß es die Idee aufgibt, uns alle am Gängelband zu führen.

Daß es sich, wieder im Geiste Andrej Dynkos, endlich von

der Perspektive einer extensiven Entwicklung verabschiedet, von der Expansion nach Westen, und sich auf sich selbst konzentriert, tief und wunderbar, wie es ist.
Daß es meine Romane im Original liest.
Daß es aufhört, mein Land ausschließlich als Heimat der Speckfresser wahrzunehmen.
Daß es nie wieder seine besten Schriftsteller hinter Gitter bringt.
Daß es liberal-individualistisch wird, daß das russische Individuelle (*das Positive*) für immer die Oberhand gewinnt über das russische Gesellschaftliche (*das Negative*).
Anders gesagt: daß in dieser hochexplosiven Mischung aus Despotie und Anarchie namens Rußland die russische Anarchie über die russische Despotie siegt.

* * *

Meine Forderungen sind absurd und unerfüllbar, meine Liebe zu Rußland ist sonderbar.

2003

Traumland

1

Ich erlaube mir – nicht als erster, nicht als letzter – mit einer Dreiecksgeschichte zu beginnen. Ein Modell, das offenbar auf alles in der Welt angewandt werden kann, denn es gibt Liebe, und es gibt ihre Kehrseite, den Haß. Alles andere sind bloß verwischte Formen dieser beiden. Aber könnte man letztendlich nicht annehmen, daß beide jeweils die verwischte Form des anderen sind? In Wahrheit also nur die Haßliebe existiert, die sich am stärksten in der Eifersucht ausprägt?

Die Russen sind wegen der Ukraine auf Polen eifersüchtig. Nicht nur diejenigen, die die Ukrainer bis heute für einen Stamm des eigenen Volkes halten, ein verlorenes Stück der gewesenen Ganzheit. Und nicht nur diejenigen, für die die sogenannte Kiewer Rus' bis heute als »Wiege dreier Brudervölker« gilt und Kiew als Mutter der russischen Städte. Nein, wenn es sich nur um solche handelte, wäre alles in Ordnung. Aber auch russische *Menschen des Dialogs*, diese tadellosen Ritter der Offenheit, diese (wie sich später herausstellen wird) liberalen Imperialisten, haben mich schon mehr als einmal mit hitzigen Eifersuchtsanfällen konfrontiert. »Wozu braucht ihr bloß diese polnische Expansion?« fragten sie leidenschaftlich. »Versteht ihr denn nicht, worum es denen geht?«

Einen Sonderfall stellten diejenigen dar, die mich mit übertriebener Wißbegierde, und nicht ohne dienstliches Interesse, über »gemeinsame Projekte« ausfragten: wieviel Geld die Polen wofür geben, wie oft sie zu uns kommen, und ob sie dann Bahnhöfe, Brücken, Tunnel und andere Bauwerke von architektonischem Interesse fotografieren? Nun, sie taten ihre Pflicht, und ihre Eifersucht war in Wirklichkeit nur die Eifersucht ihrer Vorgesetzten.

Was die Vorgesetzten betrifft, so heißt es, vor gar nicht langer Zeit seien in Jalta einem altgedienten Agenten die Nerven durchgegangen. Dazu reichte die bloße Erwähnung der ukrainischen und polnischen Pläne, die Fußballeuropameisterschaft gemeinsam auszurichten. Als Antwort habe er mit einer dermaßen sportlichen Wut auf seinen unvorsichtigen Kiewer Gesprächspartner eingeprügelt, daß jetzt nicht nur die Europameisterschaft, sondern auch die ukrainische Liga gefährdet ist.

Die Verärgerung des altgedienten Agenten ist überaus bezeichnend. Die Russen ärgert allein schon der Umstand der Konkurrenz – daß sie *auf irgend so ein Polen* eifersüchtig sein müssen. Es ist also eine ziemlich komplizierte *Dialektik der Seele*: Einerseits können sie nicht anders als eifersüchtig sein, andererseits fühlen sie sich von ihrer eigenen Eifersucht abgestoßen. Nach russischer Auffassung kann Polen Rußland niemals Konkurrenz machen, allein schon deshalb, weil es keine Supermacht ist, kein Amerika, China usw. Mehr noch, vor fünfzehn Jahren war es ja selbst noch von Rußland abhängig. Polen ist doch nur eines der unbedeutenden Länder des früheren sozialistischen Lagers. Wie es mein Bekannter, ein russischer Dichter, ausdrückte: *mitteleuropäisches Klein-Klein*.

Was die ukrainische Frage betrifft, so wächst der Faktor

Polen im außenpolitischen Denken der Russen jedoch urplötzlich von der Größe einer lästigen Fliege auf die eines Elefanten, noch dazu eines Kriegselefanten. Die Russen brauchen diesen Elefanten zur Verifizierung eines ihrer wüstesten historischen Mythen: des Mythos von der aufgepfropften, vom *nahen Ausland* eingeschleppten Natur des »ukrainischen Separatismus«. Von der »Ideologie der Unabhängigkeitsstreberei« als einer zutiefst galizischen oder westukrainischen Intrige, die von allen möglichen austroeuropäischen, besonders aber polnischen Okkupanten eingefädelt wurde. Wie schade, daß man immer wieder darüber schreiben muß, schien es doch, daß die Angelegenheit schon Ende der achtziger, Anfang der neunziger Jahre endgültig geklärt war und man sie auf sich beruhen lassen konnte, um sich der Produktion von taufrischen, unerwarteten Geoparabeln zuzuwenden. Aber die alltägliche politische Praxis der ukrainisch-russischen und ukrainisch-polnischen Beziehungen, insbesondere die abstoßende Beflissenheit, mit der sich die ukrainische Führung von allem, was westlich von ihr liegt, abgrenzt und sich allem Nordöstlichen unterwirft, zwingt, zu den alten Themen zurückzukehren, die – mea culpa! – offensichtlich nie richtig aufgearbeitet wurden und bis heute aktuell sind. Und kaum kann ich den Ruf unterdrücken: Die Hydra ist nicht vernichtet! Ihr sind hundert neue Köpfe gewachsen!

2

Sind die Polen unseretwegen auf Rußland eifersüchtig? Mit anderen Worten, warum liegt ihnen immer noch etwas an der Ukraine? Den Mythos von der Kiewer Rus' haben sie, im Unterschied zu den Russen, nie zur nationalstaatlichen Legitimierung benutzt. Selbst die größten Chauvinisten unter ihnen haben es sich nie erlaubt, die Ukraine als Stamm eines »einigen Volkes« zu bezeichnen – mit Ausnahme vielleicht der finstersten Jahrhunderte, von denen man, so mein Held Perfezkyj, nur weiß, daß es sie einmal gab. Und selbst die schlecht informierten EU-Kommissare haben längst die Nichtigkeit der idealistischen Devise »Ohne eine freie Ukraine gibt es kein freies Polen« (Echo des typisch polnischen »Auf unsere und eure Freiheit!«) unter Beweis gestellt. Geht es ihnen, den Polen, also nur darum, daß sie ihr *nahes Ausland* und einen Teil des eigenen (oder sagen wir: des gesamteuropäischen) kulturellen Erbes verlieren, wenn sie sich endgültig mit einer Ukraine in Rußland abfinden? Erscheinen ihnen Lwiw, Drohobytsch und Kremenetz mit all ihren postsowjetischen Dämonen diesen hoffnungslosen Krieg wert, der verspricht, länger als der Dreißigjährige zu dauern? Den Krieg namens »europäische Wahl der Ukraine«?

3

Wenn ich von Hoffnungslosigkeit spreche, dann meine ich, daß es in Wirklichkeit ja kein *wojna polsko-ruska pod flaga biało-czerwona** ist, denn in dem Fall wäre der Ausgang von vornherein klar. Der Krieg zwischen dem Russischen und dem Polnischen, von dem ich spreche, findet in jedem

* Der russisch-polnische Krieg unter weiß-roter Fahne. Originaltitel des ersten Romans der polnischen Autorin Dorota Masłowska, deutsch »Schneeweiß und Russenrot«

durchschnittlichen ukrainischen Bewußtsein statt. Es ist ein Krieg der Stereotype dieses Bewußtseins. Ich kann mich auf keine soziologische Untersuchung stützen; eher handelt es sich um meine innere Soziologie, eine Summe von Eindrücken, entstanden aus Gesprächen, Streitereien, Beobachtungen, Enttäuschungen, Reisen, Medien, Gefühlen, Gerüchten und Ausflüchten. Um den *Versuch einer fiktiven Soziologie*. Ihre Fiktionalität zeigt sich bereits am fehlenden Zahlenmaterial; lieber verwende ich den vagen Begriff *durchschnittliches Bewußtsein*. Wir können es als dilettantische Spielerei werten. Vielleicht ist es mein Versuch, mir selbst und anderen zu erklären, warum in Rußland nicht wenigstens dreihunderttausend Demonstranten auf die Straße gehen, wenn ihr, milde gesagt, wenig populärer Präsident das nächste Stück Pipeline, Souveränität, Freiheit, Würde verschenkt. Irgend etwas muß in diesem *durchschnittlichen Bewußtsein* sitzen, das dem Garanten Straffreiheit garantiert.
Zurück also zu den Stereotypen, wie ich sie mir vorstelle. Wieder teile ich ein Blatt Papier mit einem Längsstrich in zwei Hälften. Nur daß diesmal auf der einen Seite die Polen stehen und auf der anderen die Russen. Dabei kommt heraus, daß

die Russen gradlinig und offen, die Polen schlau und schmeichlerisch sind;

die Russen groß und erhaben sogar in ihren Verbrechen – die Polen kleinlich und gehetzt selbst in ihren Leistungen;

die Russen mitfühlend ihr letztes Hemd geben – die Polen dieses gerne nehmen;

die Russen, *wie wir*, orthodox sind – die Polen katholisch, *Jesuiten*;

die Russen generöse Trinker – die Polen berechnende Geizhälse;

die Russen sind *menschlich* – die Polen *herrschaftlich*;

die Russen schimpfen, aber ehrlich – die Polen entschuldigen sich, aber falsch;

die Russen wollen die Ukraine, um mit ihr in einem Staat zusammenzuleben – die Polen wollen die Ukraine, weil sie auf Lwiw scharf sind;

Polen ist Ausland – Rußland ist da, wo wir auch sind, *Sowjetunion.*

Genug, ich beende diese masochistische Beschäftigung, obwohl ich nicht mal das erste Blatt vollgeschrieben habe. Mit bloßem Auge ist zu erkennen, daß die Stereotype über die Russen viel positiver sind. Ob die echte Soziologie meine innere wohl bestätigen würde? Wie vernichtend wäre die Rechnung? Und welcher Zusammenhang bestünde mit der massiven Präsenz russischer Filme im ukrainischen Fernsehen, russischer Musik im ukrainischen Radio? Ganz zu schweigen von den russischen Zeitungen an den ukrainischen Kiosken. Eine »Gazeta Wyborcza in der Ukraine« gibt es eben einfach nicht.

Dazu kommt der Faktor der ewig dreisten und korrumpierten Zöllner, fiesen Arbeitgeber und – Gott verzeih mir! – der unsympathischen alten, schnatternden Leute mit Fotoapparaten, die sich in letzter Zeit in Lwiw drängen und eindeutig ihren deutschen Altersgenossen irgendwo in Wrocław nacheifern.

Schließlich füge ich noch die unselige Einführung der Visumpflicht durch Polen hinzu, die im durchschnittlichen ukrainischen Bewußtsein nur wieder beweist, *daß sie uns nicht wirklich lieben und wir für sie nur billige Arbeitskräfte sind.*

4

Bei uns gibt es eindeutig mehr Polonophobe als Polonophile. Die soziale Struktur der ersteren ist ungewöhnlich breit und vielfältig, ihr gehören Schichten an, die vielleicht nur in diesem einen Punkt – der Polonophobie – aufhören, Antipoden zu sein. Tatsächlich könnte der Haß gegen die Polen einen UPA-Veteranen mit einem Veteranen des NKWD versöhnen, wenn sie nur darauf kämen, einmal über dieses Thema zu reden. Der entrechtete Gastarbeiter könnte große Gemeinsamkeiten mit einem Nomenklatura-Historiker finden oder sogar mit einem der früheren Botschafter der unabhängigen Ukraine in Polen.

Die Polonophilen hingegen (ich rede von den echten, nicht den *dienstlich verpflichteten*) sind eine nach den beiden wichtigsten Kriterien den russischen Dekabristen vergleichbare, ziemlich kleine und klar definierte soziale Gruppe von *Agenten des nahen Auslands* und Überresten der demokratischen Liberalen, also von Leuten, die Polen und die Polen aus eigener, oft zutiefst ästhetischer Überzeugung und Wahl zu lieben begonnen haben: Einer hörte, als er jung war, endlos Niemen oder Grechuta, andere lasen Lem oder Różewicz, kannten Tuwims »Opernball« in der Lukasch-Übersetzung fast auswendig, begeisterten sich für die polnische Kultur als solche oder zumindest für die Pariser Exilzeitschrift *Kultura*. Manche schauen noch heute die polnischen Illustrierten durch, die ihre Eltern in der kommunistischen Zeit abonniert hatten, freuen sich heute noch über die Mrożek-Karikaturen darin, und manch einer hat *Das Schloß* zuerst auf polnisch gelesen, denn Kafka auf rus-

sisch zu finden (von Ukrainisch ganz zu schweigen), davon durfte man höchstens träumen.
Kann man sie eine Gemeinschaft nennen? Ohne Zweifel, ja. Manchmal habe ich sogar den Eindruck, daß sie alle persönlich miteinander bekannt sind oder sich wenigstens, ganz wie echte Agenten, aus der Entfernung gewisse Signale geben. Kann man sie eine einflußreiche Gemeinschaft nennen, in der Lage, die in ihrem Land vorherrschenden *Stereotype des durchschnittlichen Bewußtseins* zu verändern? Weiß nicht. Aber anders sehe ich keinen Sinn in ihrer, unserer, meiner Existenz.

5

Ich bin einer von ihnen, und meine Wahl gründet auf lauter unsichtbaren oder kaum sichtbaren Fäden, vor allem aber darauf,

daß mich im Mai 1989 auf den Krakauer Planty ein mächtiger Wasserstrahl in den Bauch traf, leider nicht als Teilnehmer, sondern als Beobachter einer antisowjetischen Demonstration, was das Signal zum Aufstand war (zu meinem persönlichen, dem Aufstand von mir in mir);

doch schon früher, in der Schule, hörte ich, wie die Russischlehrerin streng verkündete: *»Laßt euch bloß nicht einfallen, diesen Dreck anzufassen – dumme polnische Zeitschriften!«*

und dann, ein bißchen später, schon während des Studiums, hörte ich bei der Vorlesung über den Wissenschaftlichen Kommunismus den Professor knurren: »Michnik! Kuroń! Kuroń! Michnik!«

Und als ich 1994 Kuroń kennenlernte und 1999 Michnik, war das nichts anderes als die Fleischwerdung der Geister meiner Jugend, und jener Professor knurrte weiter in seinem Jenseits,

und auf diese Weise, über Polen, kehrten der Geschmack, der Schrecken, das Lachen, die Emotionen meiner Initiationen immer wieder zu mir zurück,

denn irgendwann früher, als Schüler, hatte ich Tag und Nacht polnisches Radio gehört, das Rockmusik spielte und nicht gestört wurde,

in Polen war alles erlaubt, was bei uns verboten war – fast alles,

aus all dem folgt eine verbotene Erkenntnis: daß man uns in unserem Land für dumm verkauft – sowohl in jenem, dem sowjetischen, als auch in diesem, das aus irgendeinem Grund als nicht sowjetisch gilt,

deshalb ging ich im Mai 1989 zum Dichter des Grüns, Mickiewicz, um die verstärkten und von den Megaphonen verzerrten Stimmen der Dissidenten zu hören,

und schon im Juni, also einen Monat später, sah ich, wie diese Befreiungsbewegung zu uns überschwappte – durch dieselben, in Polen geliehenen Megaphone – und verstand, daß wir auf gutem Wege sind,

allerdings weiß ich bis heute nicht, ob wir von ihm abgekommen sind oder ob unser Weg nun mal viel länger ist als der polnische,

alles, was in den Neunzigern passierte, hat uns voneinander entfernt und nicht einander angenähert, dabei sind doch sowohl wir als auch die Polen gleichzeitig und gleich katastrophisch die Romantik losgeworden, vielleicht aber doch irgendwie anders, denn die Polen hat im Grunde die Romantik erschaffen (genau wie uns), und die ist äußerst unbeständig;

doch anders als wir haben sie sich immer eine kritische Masse nicht käuflicher und beständiger romantischer Intelligenz bewahrt,

und doch habe ich in all diesen Jahren, während wir uns voneinander entfernten, Hunderte wunderbarer Polen (und Polinnen) kennengelernt, vor allem unglaublich talentierte, plastische, drastische, häretische, artistische und meist feurige Persönlichkeiten;

die Menge des von mir mit ihnen getrunkenen Schnapses übersteigt die Menge des von mir mit Russen getrunkenen Schnapses um einiges, und mit Russen habe ich nicht wenig Schnaps getrunken,

daher sind die Polen der neunziger Jahre für mich ein besonderer Menschenschlag,

sehr junge Menschen, die sich endgültig befreiten und kopfüber in das Amphetamin der Existenz stürzten, der Selbsterfüllung, Selbstbereicherung, des Lebens,

keine Ahnung, vielleicht sind es in Wahrheit nur 0,000001 Prozent, und mein Problem ist, daß ich nur sie kenne, soll heißen, daß ich keine *echten* Polen kenne,

deshalb hatte ich im Oktober 2003 so einen Braß auf die zwei blöden Grenztussen, die mich quasi nicht nach Hause lassen wollten,

wo doch Polen all diese Jahre Freiheit bedeutete, kaum hatte ich die polnische Grenze überquert, fühlte ich mich sofort wie zu Hause,

und sogar als die Polen selbst behaupteten, ihr Land sei ein Scheißloch, schüttelte ich bloß den Kopf: Ihr habt noch keine echten Scheißlöcher gesehen, keiner meiner Landsleute leugnet denn auch das süße und packende Gefühl der Erleichterung, das jeden von uns überwältigt, kaum daß wir diese erste Grenze überschreiten und es endlich vorwärts geht, über fremdes, polnisches, über ihr Gebiet,

denn es ist immer gut, westlich von sich selbst ein Traumland zu haben, wenn nicht als Beispiel zur Nachahmung, dann als Objekt der Eifersucht;

für Polen ist dies Deutschland, für Deutschland Frankreich und so weiter, obwohl ich weiter nicht weiß; was kann besser sein als Frankreich? Amerika?

Mir genügt Polen, wo man mich jeden Tag verzweifelt fragt: »Ist das wirklich das Ende? Haben euch wirklich alle aufgegeben?« Das fragen eben nur sie, die Polen,

und ich frage mich dauernd: Warum interessiert sie das immer und ewig, warum mischen sie sich wieder ein? Hegen sie vielleicht ein besonderes Gefühl der Verantwortung für uns alle?

Oder glauben sie vielleicht trotz allem, daß sich das Warten lohnt?

2004

Das Organ, mit dem man liebt

Erst dieses Frühjahr habe ich mich wieder dabei ertappt. Außer dem unausweichlichen Erwachen der Natur brachte es uns den lange angekündigten Krieg im Irak. Eines Abends zappte ich gedankenlos durch die Fernsehkanäle. Glücklicherweise gibt es in jenem Brandenburger Asyl für wandernde Dichter nicht so viele, daß man endgültig verrückt würde, nur ungefähr zwanzig. Auf MTV wurde der neueste Videoclip von Madonna gezeigt, »American Life«, ich geriet direkt in den Anfang und stellte das Zappen für einen Moment ein – nicht weil mir Madonna besonders gefiele, sondern weil im Hintergrund der Reihe nach die Staatsflaggen der Länder der Welt auftauchten. Zuerst dachte ich, es seien nur die Flaggen der Anti-Irak-Koalition, aber das Erscheinen der deutschen, französischen und der – ja stets unverzichtbaren – russischen deutete auf einen universalen Ansatz hin. Während der weiteren dreieinhalb Minuten verfolgte ich angespannt den Wechsel der Fahnen. Das Bedürfnis war stärker als mein gesunder Menschenverstand: Ich wollte unbedingt auch die ukrainische sehen, ich kam schlicht nicht dagegen an. Als dann endlich, für einen Bruchteil von Sekunden, in der Tiefe des Bildschirms hinter Madonnas Rücken unverkennbar ein blauer und ein gelber horizontaler Streifen aufleuchteten (nicht Rumänien, nicht Kolumbien, nicht Venezuela und nicht Barbados, sondern *wir!*), entfuhr mir ein Seufzer der Erleichterung: Da ist sie. Es gibt uns, und Madonna ist mit uns.

Das war die erste, zutiefst positive Erkenntnis. Die nächste war viel weniger positiv: Ich bin also doch Patriot. Meine persönliche Freiheit wird determiniert durch eine ziemlich beständige Abhängigkeit, für die es keine Therapie gibt. Symbole bedeuten mir etwas, und das offenbar für immer und ewig.

* * *

Komisch, dabei kann ich weder das Wort »Patriotismus« selbst noch eine seiner Ableitungen ausstehen und verwende sie ausschließlich mit sarkastischem oder komischem Unterton. Ich kann Pathos nicht ausstehen und versuche es zu vermeiden, so gut es geht; Worte vom Typ »Patriotismus« aber klingen unausweichlich pathetisch. Hingegen gefällt mir die alte, vielleicht sogar von Marx stammende Definition von Patriotismus als »letzter Zuflucht der Schurken«. Wobei ich gar nicht sicher bin, ob die Formulierung wirklich von Marx ist und ob ich sie wirklich richtig verstehe. Denn ich verstehe sie so, daß jeder Schurke, vor allem aber jeder politische Schurke, sich dem Patriotismus als angeblich höchster Moral zuwendet, um zu maskieren, daß sie, die Moral, in Wirklichkeit fehlt.
Ich mag keine patriotischen Lieder, Gedichte und Märsche. Seit Sowjetzeiten, als es ein Übermaß solcher Wohltaten gab, mag ich sie nicht. Von allen möglichen Patriotismen stieß mich der sowjetische am meisten ab, mit seiner *patriotischen Erziehung* (die Chorgesänge im Kindergarten! die endlosen erzieherischen Schulstunden auf leeren Magen bei gewaltsam unterdrücktem Gähnen! die tausend ätzenden Versammlungen zur Herausbildung einer »aktiven staatsbürgerlichen Position« in den Studentenjahren!). Am mei-

sten aber haßte ich ihn bei der Armee, als man mich zwang zu singen, während ich kaum einen Fuß vor den anderen setzen konnte. Dabei weiß ich bis heute nicht, wie ich mich im Falle eines Krieges verhalten hätte, dessen absolute Unausweichlichkeit (gegen die Amerikaner? Chinesen? Mudschaheddin?) uns die Politkommissare täglich eintrichterten: Wäre ich wegen meiner Unbeholfenheit gleich in der ersten Schlacht gefallen (offizielle Quellen hätten diesen Tod wahrscheinlich als heldenhaft dargestellt)? Hätte ich mich sofort dem Gegner ergeben oder wäre desertiert? Meiner Meinung nach hätte das Desertieren den größten Mut verlangt: sich im herbstlichen Wald verstecken, im Heu übernachten, Wasser und Brot bei den mißtrauischen Bauern erbetteln, die mich jeden Moment verraten konnten ... So oder so wäre es nicht mein Krieg gewesen, und nicht um meinen Patriotismus wäre es dabei gegangen.

* * *

Die phantastischen und bis heute vielleicht nicht ganz faßbaren Jahre 1989-1991 erschütterten mich so stark, daß ich plötzlich sogar *dieses* Wort zu lieben begann. Damals geschah etwas, was zu einer Veränderung der »Parameter des Patriotismus« führte. Es handelt sich um eine seiner sehr seltenen Abarten: den gegen die Staatsmacht gerichteten Patriotismus. Und wenn mir das Wort früher nur in der Verbindung mit »sowjetisch« geläufig war, so entstand plötzlich etwas wie ein »antisowjetischer Patriotismus«. Verkörpert von der Jugend und ihrer Mode, Abzeichen in den Nationalfarben ihrer ethnischen Heimat zu tragen, war dieser andere Patriotismus nicht nur ein Patriotismus der Abzeichen. Er war vor allem ein Zeichen der Unzufriedenheit mit der Staatsmacht, mit dem überalterten Regime. Ich erinnere mich an Fernsehbilder aus dem Jahr 1990 von einer Revolte in einem der strengsten Gefängnisse, ich glaube in Dnipropetrowsk. Die aufständischen Knastbrüder brachten ein Gefängnisgebäude unter ihre Kontrolle und stellten eine Reihe von Forderungen nach Verbesserung des *Gefängnisregimes* (wieder dieses Wort!): Essen, Verhalten der Wärter, Liberalisierung. Die Bilder, an die ich mich erinnere, waren von einem Hubschrauber aus aufgenommen, der über dem besetzten Gebäude seine Kreise zog. Der Kameramann des staatlichen Fernsehens hatte bestimmt Anweisung erhalten, so deutlich wie möglich zu zeigen, unter welcher Flagge dies alles stattfand. Und Flaggen gab es auf dem Dach zwei: die blau-gelbe ukrainische und die schwarze mit Totenschädel und Knochen, in der ganzen Welt die Flagge der *outlaws*, der Piraten, Räuber und Anarchisten. Weder glaubte ich damals noch glaube ich jetzt, daß die Dnipropetrowsker Knastbrüder viel mit der ukrainischen Idee der nationalen Befreiung am Hut hatten. Vielmehr setzten sie jene Flagge zusammen mit ihrer eigenen, weil sie wußten, daß sie auch *gegen die Staatsmacht* gerichtet ist, daß einen die Bullen dafür in den Karzer stecken und versuchen, sie bei Demonstrationen in Stücke zu reißen. Der Kameramann des staatlichen Fernsehens machte seine Sache gut – beide Flaggen wurden nah beieinander und aus sehr bezeichnendem Blickwinkel gezeigt. Nur das mit der Diskreditierung schlug fehl – wenigsten bei mir funktionierte der Propagandatrick nicht. Im Gegenteil, mich stimmte diese bildliche Verbindung froh. Man konnte sie als großartige Metapher unserer damaligen Realität lesen: die Gefangenen, das sind wir alle, die Bürger der UdSSR, das Gefängnis ist die Sowjetunion, und die Fahnen auf dem Gefängnis – Hoffnungszeichen.

* * *

Ungefähr 1992 verging die Mode, blau-gelbe Abzeichen zu tragen. Es genügte, daß Irwanez in seinem wie immer im Trend liegenden Gedicht schrieb

Und plötzlich waren alle Kämpfer
Mit blinkenden Fahnen am Revers …

und alles war zu Ende. Oder lag es daran, daß diejenigen, die Macht und Vermögen geerbt hatten, ganz nebenbei auch unsere Flagge erobert hatten? Aber was heißt hier *erobert*? Ohne Schlachtszenen, ohne Kavallerie, ohne Eroberung im gestreckten Galopp zum Klang der Kriegsfanfare! Um in der historisch-militaristischen Metapher zu bleiben: Es war eher so, daß sie die Flagge nachts heimlich aus unserem Lager stibitzten (unsere Wachen wie immer betrunken, so daß sie nichts hörten) – und plötzlich weht sie auf all den privatisierten Pipelines, Kombinaten und Frachtschiffen. Wieder war also die alte Voraussage eines mir unbekannten zynischen Historikers eingetroffen, daß Revolutionen (wenn es überhaupt eine Revolution war) von Romantikern erdacht und von Fanatikern ausgeführt werden, daß jedoch Schurken davon profitieren. Ja, Schurken. Und der Patriotismus ist ihre letzte Zuflucht, das sollten wir nie vergessen.

* * *

Dazu kommt die Begriffsverwirrung. Wo soll man den Patriotismus verorten, wo ist sein Platz auf der Weltkarte? Handelt es sich wirklich um etwas, das auf der entgegengesetzten Seite des, sagen wir, Kosmopolitismus liegt? Und was ist das, diese *patria*, und wer ist eigentlich unser *pater*? Hier eröffnet sich in ganzer Schönheit eine Kette von Versuchungen – Patriotismus mit Nationalismus gleichsetzen, diesen wiederum mit Nationalsozialismus, Rassismus, Sexismus und so weiter und so fort. Patriotismus ist schon allein deshalb chauvinistisch, weil er so heißt, wie er heißt, anstatt zum Beispiel *Matriotismus*. Warum sollte jener VATER über der MUTTER stehen? Was berechtigt ihn dazu? Sein Schwanz?

Außerdem ist da noch die junge europäische Identität, die in den letzten Jahren richtig aufblüht mit ihren immer neuen Inhalten und Gefühlen, Stimmungen und Ideen. Handelt es sich um eine neue Form des Patriotismus (»wir sind Europäer, Europa ist unser gemeinsames Haus«) oder im Gegenteil um Antipatriotismus, der über das Ethnische, Nationale, die Sippe und das Geschlecht hinauswächst, der alles auf der Welt globalisiert, universalisiert, unifiziert, nivelliert? Ist aber dieser Antipode, dieser Antipatriotismus nicht eigentlich Patriotismus in seiner stärksten Form? Ist nicht er es, der Abtrennung und Abgrenzung fordert? Ich denke zum Beispiel an die frisch mit *Schutz*farbe gestrichenen Mauern dort drüben, gleich an der Westgrenze der Ukraine.

* * *

Zurück zur Ukraine. Welche neuen Metamorphosen durchläuft der Patriotismus bei uns heute? Was kann er bedeuten? Die Obrigkeit unterstützen, da doch sie es ist, die in ihrer Rhetorik dieses Wort am häufigsten gebraucht (kein Wunder: *letzte Zuflucht* eben)? Gegen die Obrigkeit sein, da sie unukrainisch ist und mit all ihren Handlungen diesen Patriotismus verunklart und diskreditiert? Für eine *Ukraine in Europa* sein, da man von zwei Übeln immer das geringere wählt und außerhalb Europas zu stehen als das größere Übel erscheint? Für eine *Ukraine mit Rußland*, da dieses Ziel doch viel realistischer ist und daher besser mit den nationalen Bestrebungen harmoniert? Für eine *Ukraine ohne alle Europas und Rußländer*, da wir doch in Wirklichkeit autark sind, unsere Kultur nicht weniger als zehntausend Jahre zählt und wir über unseren eigenen WEG DER ARIER verfügen?

Wofür sollte man noch sein?

Für eine Ukraine vom San bis zum Don, da *in der Einheit unsere Stärke* liegt, oder *für eine Ukraine der Regionen*, da unsere Stärke *das Erblühen unserer Vielfalt* ist? Für eine Ukraine mit einer Diktatur, da doch nur eine starke Hand mit diesem singenden und arbeitsamen Volk fertig werden kann? Für eine Ukraine mit entwickelter Zivilgesellschaft, da dies der einzige Weg zur Normalität ist? Für eine Ukraine ohne Kutschma? Eine Ukraine ohne Juden und Moskowiter? Eine Ukraine ohne Nazionalisten (sic)? Ohne Afrikaner? Ohne Ukrainer?

Der ukrainische Patriotismus ist eine komische Summe und Mischung sich widersprechender Technologien und Mythologien. Manchmal scheint es, als hätten wir noch immer keine Antworten auf Herausforderungen gefunden, die so hoffnungslos veraltet sind, daß man sie kaum mehr Herausforderungen nennen mag.

Aber nur wir?

* * *

Eigentlich ist Patriotismus amoralisch. Er paßt höchstens ins Stadion – dorthin, wo sich an der Farbe der Trikots und Hosen klar und deutlich *unsere* von *den anderen* unterscheiden lassen, wobei *unsere* schließlich gewinnen müssen, denn sie sind schon allein deshalb besser, weil es *unsere* sind.

Die größte Sünde der Terroristen vom 11. September 2001 war vielleicht nicht, daß sie Tausende darauf nicht vorbereitete Menschen mit sich in den Tod rissen, sondern daß sie in Amerika den Dämon des Patriotismus weckten. Eines der Nebenprodukte dieser Erweckung, Seite an Seite mit dem Irakkrieg, war Madonnas Videoclip »American Life«, der in mir so plötzlich dieses, wie ich dachte, rudimentäre Organ aktivierte, mit dem man das Vaterland liebt.

2003

Grauzone guter Nachbarschaft

I

Wie viele Definitionen von Europa gibt es? Dutzende, Hunderte, tausendundeine?

Ich versuche, keiner von ihnen Beachtung zu schenken, und füge eine tausendzweite hinzu. Vielleicht wiederhole ich dabei nur, was schon viele vor mir gesagt haben. Doch auf Originalität erhebe ich keinen Anspruch.

Nun, *Europa ist der jüngste der Kontinente und kennt bis heute seine Grenzen nicht.*

Es wird immer schwieriger, Europa räumlich zu beschreiben. Kürzlich las ich bei dem niederländischen Schriftsteller Geert Mak, Europa sei »ein Kontinent, auf dem man mühelos in der Zeit hin und her reisen kann«. Mak hat recht, wenn er die Dimension der Zeit betont. Aber auch als Raum ist Europa ganz außergewöhnlich. Selbst seine westlichen Grenzen sind ja alles andere als eindeutig, ganz zu schweigen von den östlichen.

Was letztere betrifft, gibt es eine Fülle einander widersprechender Meinungen. Seltsamerweise aber bedeutet die Frage »Wo hört Europa auf?« nie automatisch: »Wo beginnt Asien?«

Denn es gibt immer noch etwas dazwischen. Etwas, das danach strebt, Europa zu werden. Oder das man zu Asien machen will.

Dabei sind die Grenzen Asiens klar, allen Versuchen zum

Trotz, es zwischen den vier Ozeanen möglichst weit auszudehnen.

Aber wo verlaufen diese unklaren (östlichen) Grenzen Europas? Rechts des Rheins, wie der große Europäer Konrad Adenauer versicherte? An der Mauer des Metternichschen Gartens, weil dessen Besitzer, ein anderer großer Europäer, sie dort gezogen hat? Östlich einer imaginären Berliner Mauer? An der Westgrenze der ehemaligen UdSSR? An der Grenze zwischen westlichem und östlichem Christentum? Zwischen Donau und Don? Zwischen Dnipro und Dnister? In Mesopotamien? Diesseits oder jenseits des Urals? An den Ufern des Stillen Ozeans? In Wladiwostok, wo man Mozart hört? Oder in San Francisco, wo er ebenfalls gehört wird?

Jede dieser Fragen darf zu Recht mit ja beantwortet werden. Doch es bleibt ein Problem, Europa zu lokalisieren.

Um irgendwie weiterzukommen, könnte man – mit einiger Kühnheit – behaupten, Europa sei überall dort, wo Menschen der Meinung sind, sie befänden sich in Europa. Wo sie sich also – noch kühner gesprochen – als Europäer fühlen. Europa ist demnach subjektiv. Ein Chinese in China oder Singapur wird sich genausowenig wie ein Saudi, Inder, Mongole oder Iraner als Europäer fühlen. Ein Aserbaidschaner hingegen vielleicht schon und ein Armenier, denke ich, erst recht.

Man sollte sich auch nicht von einem angeblichen Eurasien in die Irre führen lassen. Eurasien wurde als Beruhigungsmittel erfunden, um die Suche nach Antworten auf die Frage, wo denn die Grenzen Europas verlaufen, ein für allemal zu beenden. Denn wenn es Europa in diesem Sinne nicht gibt, so kann es auch seine Grenzen nicht geben. Europa verwandelt sich in einen Wurmfortsatz Asiens, eine Art größenwahnsinnige Halbinsel. Eurasien ist für Europa eine erniedrigende Fiktion, etwas völlig Absurdes. Selbst Afroamerika erscheint viel realer als Eurasien. Letzteres wird nur von Rußland gebraucht, um den eigenen Platz im Raum irgendwie zu benennen, zu finden, vielmehr: zu erfinden.

2

Wer heute von Europa spricht, kommt an der Europäischen Union nicht vorbei. Es ist wie ein Fluch: Wenn Europa, dann unbedingt die EU. Manche halten beide Begriffe sogar für identisch. Und nicht irgendwer, sondern wichtige und kompetente Leute, *Facheuropäer.* Mir aber scheint, daß die beiden Begriffe nicht nur weit auseinander liegen, sondern sich auch immer weiter voneinander entfernen.

Meine private Phantasie über die EU mag politisch nicht korrekt sein, aber eine andere habe ich nicht. Die EU entstand als Vereinigung von Staaten und Nationen, bei denen es mit der Weltherrschaft oder einem Stückchen Weltherrschaft irgendwie nicht klappte, obwohl sie schon immer Anspruch darauf erhoben hatten. In diesem Sinne ist die EU ein Projekt der psychologischen Kompensation: eine Vereinigung postimperialer *loser*, von denen es keinem gelungen war, für sich allein eine Supermacht zu werden. Alle westeuropäischen Länder, vielleicht mit Ausnahme Norwegens, Finnlands und Irlands (von der Insel Schweiz ganz zu schweigen), hatten eine dominierende Rolle in der Welt angestrebt und in Europa oder auf anderen Kontinenten Imperien unterschiedlicher Art gebildet. Nicht nur die großen Fische wie Großbritannien, Frankreich, Spanien und das für solche Versuche zweimal aufs schwerste bestrafte Deutschland, sondern auch Italien, Portugal, Holland, Belgien und sogar Dänemark. Doch im Zentrum der EU standen Deutschland und Frankreich, weiterhin ihr Herzstück. Ihnen war offensichtlich am meisten daran gelegen. Mit ihren Imperien hatte es nicht geklappt, doch eine dominierende Rolle in der Welt wollten sie trotzdem, und so haben sie sich erst einmal mit allen möglichen Luxemburgern vereinigt.

Die »Osterweiterung 2004« hatte dabei alle Chancen, sich zu einem neoimperialen Projekt der sanften Annexion zu entwickeln. Daraus ist bisher offenbar nichts geworden, und zwar vor allem aus drei Gründen:

Innere Unstimmigkeiten und scharfe Konkurrenz der »Neoimperialisten« untereinander.

Die Osteuropäer (oder auch Mitteleuropäer, im weiteren: MO-Europäer) erwiesen sich als erheblich unbequemere und dickköpfigere *Objekte* als erwartet (die im Ostblock verbrachten Jahre haben Spuren hinterlassen!); schlimmer noch, sie weigerten sich, lediglich Objekt zu sein, und erklärten frech ihre Subjektivität.

Darin wurden sie von den USA unterstützt, die schon früher gelegentlich die einen Europäer vor den anderen beschützt hatten und eifersüchtig über alle Versuche wachten, neue Supermächte zu schaffen.

Indem die USA die MO-Europäer »neue Europäer« nannten, hoben sie deren Selbstbewußtsein spürbar an und stärkten ihren Widerstand gegen unifizierend-annexionistische Prozesse in der EU. Die großen westeuropäischen Fische empfanden das Scheitern ihres Annexionsprojektes

als Beleidigung und Mißerfolg der »Osterweiterung« insgesamt; daher begannen sie in den eigenen Ländern mit einer Reihe von propagandistischen und einschüchternden Maßnahmen, die man unter den Begriff »Komplex des polnischen Klempners« subsumieren kann. Die Spitzen der EU – in Brüssel wie in den anderen Hauptstädten – begannen, von »Europa in der Krise« zu sprechen.
Kaum hatte man von der Krise gesprochen, da war sie auch schon da. Gerade zur rechten Zeit.

3

Denn in diesem historischen Moment betraten wir, die Ukrainer, die Bühne.
Die orange Revolution führte überraschend zur Wiederbelebung des ganzen ethisch-weltanschaulichen Blocks, der gemeinhin mit dem Begriff »europäische Werte« bezeichnet wird. Mit anderen Worten: Der Sieg der ukrainischen Revolution Ende 2004, wie fragil und kurzlebig er auch gewesen sein mag, wurde zum Sieg Europas *with a little help of the Ukrainian people*. Denn während jener wenigen Wochen Ende 2004 verwandelten *the Ukrainian people* mit jeder ihrer Taten, den individuellen wie den kollektiven, die deklarierten europäischen Werte in wirkliche (und, was besonders schön war, in sehr wirksame).
Eine unglaublich simple Sache: der freie Mensch in einem freien Land. Das ist keine amerikanische, sondern eine europäische Losung. Sie konnte amerikanisch nur werden, weil sie zuvor europäisch war. Daher sollte man keine Angst vor ihr haben. Und sie nicht unterschätzen.

Europa (nicht zu verwechseln mit der EU) spürte, ahnte, erfaßte intuitiv, daß es irgendwo dort, in Kiew, um es selbst, um Europa ging – wir erhielten moralische Unterstützung von Millionen europäischer Bürger, die uns zum erstenmal bemerkten und als die Ihrigen annahmen. Sogar die italienischen Arbeitgeber unterhielten sich zum erstenmal mit ihren ukrainischen Gastarbeitern wie mit Gleichgestellten. Ähnliches hat es in unserer Geschichte noch nie gegeben – daß wir so geliebt wurden.

Die EU (nicht zu verwechseln mit Europa) hat das ebenfalls gespürt und mit einem unterbewußten, ängstlichen Widerstand reagiert; auf der administrativen Ebene wurde sofort damit begonnen, lächerliche Absagen und Hindernisse für uns zu erfinden. Zum lokalen Know-how in Deutschland gehörte die »Visa-Affäre«, die brutal und leider höchst effizient die postrevolutionären Flitterwochen ruinierte. Die Ukrainer, die im westlichen Medienbewußtsein eben noch so schöne orange-karnevaleske Demonstranten gewesen waren, hatten sich im Nu in Nutten und Banditen zurückverwandelt, die von nichts anderem träumen, als sich mit gefälschten Visa und ansteckenden Krankheiten in den westlichen Wohlstand einzuschleichen.

Nach kurzer Zeit befanden wir uns also wieder dort, wo wir seit 1991 gewesen waren – in der Grauzone der *guten Nachbarschaft*, das heißt: im Nirgendwo. Die Folge waren Millionen vom *Gespenst Europa* enttäuschte Bürger und ihre für die Parlamentswahlen verlorenen Stimmen. Verloren gingen sie genau jenen politischen Kräften, die sich »Europa« auf die Fahnen geschrieben hatten. Obwohl man gerechterweise anmerken muß, daß für die proeuropäischen Parteien immer noch mehr Stimmen abgegeben wurden als für Europas Gegner. Dennoch zu wenig, als daß vom fragilen Sieg mehr als Fragilität übriggeblieben wäre. Daß es von seiten der EU weiterhin an interessierter, konsequenter Einmischung fehlte, beförderte die wachsende Schamlosigkeit der ukrainischen *political animals* und führte erst zum parlamentarischen, dann zum staatlichen Umsturz, in deren Folge das Land immer aggressiver von einem regionalen Klan regiert wird, der bei den Wahlen nicht einmal ein Drittel der Stimmen erhalten hat.

Vor allem aber sind wir selbst schuld – die Gesellschaft, das Volk, nennen Sie es, wie Sie wollen. Während des gesamten Sommers 2006, des zweiten postrevolutionären Sommers, haben wir nur zugeschaut, wie die »Oberen« einen Verrat nach dem anderen begingen. Haben nur zugeschaut, statt zu versuchen, sie zu stoppen. Und diese ganzen lügnerischen, verräterischen Kumpane, die sogenannten Eliten, konnten sich nochmals davon überzeugen: Mit uns kann man umspringen, wie man will. Wo ist der freie Mensch, wo das freie Land?!

Beenden könnte man diese traurige und lehrreiche Geschichte auch so: Am 3. August 2006 ist mit direkter Billigung und Beteiligung des *proeuropäischen* Präsidenten Juschtschenko Europa in der Ukraine wieder einmal gestorben.

Oder vielleicht – da in der Ukraine niemals etwas endgültig stirbt – doch *noch nicht*? …*

* Reminiszenz an die erste Zeile der ukrainischen Nationalhymne: »Die Ukraine ist *noch nicht* gestorben …«

4

Der Europäischen Union, einem in erster Linie bürokratischen, dem europäischen Idealismus fernstehenden Gebilde, kommt eine stagnierende und isolierte Ukraine sehr gelegen. Mehr noch: sie scheint eine unabdingbare Voraussetzung für »Stabilität in der EU« zu sein. Stabilität in jeder Hinsicht – demographisch, kulturell und auch energiepolitisch, wenngleich mit spürbarem Gasgestank.
Dieses Denken folgt den archaischen, imperialen Kategorien des »Teile und Herrsche«, der »Interessensphären«, der »Pufferzonen« oder der absolut archaischen »Kornkammer Europas«. Nach dieser Philosophie ist die Ukraine nützlich für die EU: in der Rolle eines Puffers, des *guten Nachbarn*, als Transit-Territorium, das nicht mehr Rußland ist, aber stark von ihm abhängig. Außerdem als eine Art Auffangbecken für »Flüchtlinge aus dem Osten« oder, frei nach Hesse, *Abendlandfahrer*. Ein »Fegefeuer mit allen Attributen der Hölle«, um es mit Stas Perfezkyj zu sagen. Dies ist übrigens auch eine Folge des instinktiven Werbens um Rußland und der Anerkennung von Rußlands »kanonischen Territorien«: eine imperiale Solidarität, die Solidarität der Großen Fische (falls sich jemand an Brueghels Bild erinnert). Im Bewußtsein der EU-Kommissare und anderer hoher Funktionäre existiert der Eiserne Vorhang nach wie vor. Er verläuft an der Westgrenze der UdSSR, und damit existiert auch die UdSSR selbst.
Rußland übersieht nie, was *liegengeblieben* ist. Und die heutige Ukraine ist liegengeblieben. Also reagiert Rußland rasch und auf seine Art brillant. Da finde ich doch heute, am Tag,

als ich diese Zeilen schreibe, unter anderen schlechten Nachrichten (in der letzten Zeit sind sie wieder ausschließlich schlecht) eine Erklärung irgendeines Ausschußvorsitzenden der russischen Staatsduma zum EU-Ukraine-Gipfel in Helsinki. Ohne mit der Wimper zu zucken, unterstellt der russische Parlamentarier dem Präsidenten der Europäischen Kommission die Aussage, es gebe »keine Beitrittsperspektive für die Ukraine«. Ganz der ältere Bruder, der sich um den beleidigten jüngeren sorgt, fügt er von sich aus hinzu: »Diese Aussage ist für unser Bruderland unberechtigt, brutal und beleidigend.« Und auch mit einem Vorschlag ist er schnell bei der Hand: »Das beste wäre, die Beziehungen zwischen Rußland, der Ukraine und der Europäischen Union auf der Grundlage koordinierter russisch-ukrainischer Anstrengungen unter Berücksichtigung der gemeinsamen Interessen Rußlands und der Ukraine zu entwikkeln.«

Aber natürlich, unsere gemeinsamen, ewig gemeinsamen, mit Moskau koordinierten sowjetischen Anstrengungen!

Es ist zum Weinen. In der russischen Brudersprache heißt das *sa Evropu obidno*, um Europa tut es mir leid.

5

Es handelt sich also um einen Konflikt. Einen äußerst seltsamen, europäisch-europäischen Konflikt. Einen Konflikt zwischen dem »pragmatischen Modell« der EU mit ihren Ängsten, ihrer Verschlossenheit und all den anderen Komplexen imperialer Spinner und dem »idealistischen Modell« des Vereinten Europas mit seinem organischen Bedürfnis zu wachsen und sich zu verändern, mit seinen ewig beweglichen und keinesfalls geographischen Grenzen, also seiner Offenheit, Unfertigkeit und Vitalität.

Denn es gibt vielleicht wirklich keine fesselndere und nützlichere Beschäftigung, als Europa zu einen. Vor allem an den Nahtstellen, den Bruchlinien, wo die EU-Strukturen es geteilt haben.

Es geht mir um ein anderes europäisches Einigungsprojekt, eine Alternative zum EU-Projekt. Eigentlich hätte ich damit beginnen müssen. Statt dessen komme ich erst am Schluß zu der Frage »Wie kann Europa anders geeint werden?« Und wie könnte dieses alternative Projekt aussehen?

Vielleicht muß man alles auf den Kopf stellen?

Wenn das Projekt EU vor allem bürokratisch ist, so müßte dieses anarchistisch sein.

Wenn das Projekt EU wichtigtuerisch, aufgeblasen und hierarchisch ist, dann müßte unseres leichtfüßig, beweglich und karnevalesk sein.

Wenn das Projekt EU dem Anschein nach demokratisch ist, so sollte dieses offen und liberal sein.

Ein Name jedenfalls ist mir eingefallen. Nennen wir es wie den halbvergessenen Radiosender: Freies Europa. Und schalten wir Anzeigen in allen seriösen Medien: Gesucht werden Visionäre, Geisterjäger und Reanimatoren. Gesucht werden alle, die auch weiterhin nach Europa suchen.

2006

Ein bißchen Sisyphos, ein bißchen Sacher-Masoch

Der ukrainische Schriftsteller: Modell 2007

Ich hätte mir schon lange untersagen sollen, das Wort »Revolution« zu verwenden. Besonders in Verbindung mit »orange«. Aber es ist einfach so, daß ich immer noch stundenlang von ihr erzählen könnte. Der geringste Anlaß, und ich bin wieder dort, im November und Dezember 2004. Was zumindest auf zwei Dinge hindeutet – auf ein »Veteranensyndrom« und seine unumgängliche Folge: den Verlust jeglichen Sinns für Realität.
Die Realität ist eine entsetzlich eifersüchtige Dame. Sie erträgt nicht, wenn man aufhört, sie wahrzunehmen, sie ist beleidigt und straft streng.
Trotzdem kann ich mir meine Revolutionserinnerungen nicht verkneifen. Wie ein verstockter Alkoholiker gelobe ich, daß es das letzte Mal ist. Nur noch dieses eine, einzige Mal.

Ich erinnere mich, wie ich an einem Dezemberabend, als der Sieg der Orangen greifbar nahe schien, mit Jurko Prochasko den noch immer brodelnden Maidan überquerte. Es war wie bei Victor Hugo: »Woran denkst du?« – »An die Zukunft.« Jurko sagte, es sei jetzt enorm wichtig, eine »Liste der Dinge anzulegen, die geändert werden müssen«. Die Idee gefiel mir. Mit Vergnügen würde ich meine Version einer solchen Liste zusammenstellen. Wobei ich ihr einen kategorischeren Namen gäbe – »Dinge, die geändert werden müssen, sonst ist wieder Sense«. Je mehr kategorische Punkte der Unzufriedenheit jeder von uns in seine persönliche Gebetstafel ritzte, desto größer unsere Chance, das Land zu verändern.

Damals schien alles möglich. Du denkst an diese oder jene Veränderung – und sie findet statt. Die ukrainische Gesellschaft war plötzlich ein wunderbarer, demokratischer Tiger geworden, der einen unerwartet schönen Satz vorwärts machte. Der qualitative Sprung war auf allen Ebenen des vereinigten ukrainischen Maidan zu spüren: im kollektiven Bewußtsein, in der Selbstorganisation und Solidarität, den alltäglichen Verhaltensnormen, in Gesten, Mimik, Artikulation.

Mit einer solchen Gesellschaft hätte man Berge versetzen und problemlos auch die phantastischste »Liste« abarbeiten können:

- die Machteliten austauschen, d. h. qualitativ andere Leute einsetzen;
- die Korruption auf allen Ebenen ausmerzen;
- Lustration gewährleisten;
- rasch und effektiv die notwendigen Reformen durchführen: Justiz, Bildungs- und Gesundheitssystem, sogar die Rechtschreibung, wenn man gewollt hätte.

Außerdem hätte man folgendes tun können:

- einen Ukrainer zum nächsten Papst und – gleichzeitig – Dalai-Lama machen;
- massenhaft und erfolgreich auf dem Mars landen;
- der EU beitreten.

Es schien, als wären wir jeder Aufgabe gewachsen, auch der unmöglichsten.

Aber irgendwie habe ich meine Liste nie erstellt. Zuerst schob ich es wohl wegen dringenderer Dinge auf, später fand ich alle möglichen Ausreden: Warum sollte gerade ich das machen? Und warum sich nicht endlich den Luxus erlauben, damit aufzuhören, wegen der ukrainischen Politik schlaflose Nächte zu verbringen? Das Land ist auf einem guten Weg, und das hat es auch ohne meine Hilfe geschafft. Gemäß mir unbekannten Gesetzen ist die Gesellschaft von allein erwachsen und, ohne daß ich es merkte, voll und ganz – wie sagt man? – zivil geworden. Ich habe ihre ersten Keimlinge gesucht, sie aber ist schon ein großer Baum in Saft und Kraft. Sie weiß besser als ich, wie jetzt umgehen mit all diesen Veränderungen.

Das war, wie sich zeigen sollte, die größte Illusion. Es gab noch eine zweite: daß wir uns endlich eine qualitativ andere Obrigkeit erkämpft hatten. Daß die ganzen »neuen Gesichter« auch »neue Köpfe« und eine »neue Verantwortung« bedeuteten. Diese Illusion war aber eher zweitrangig, wichtiger war die andere: daß wir selbst (die Gesellschaft?) uns qualitativ erneuert hätten. Wir überschätzten uns also in völlig unkritischer Weise. Wir hielten das Wunder für die Norm – so war es.
Das Wunder der Revolution bestand darin, daß für einen Moment die lichte Zukunft bei uns vorbeischaute und uns während dieses historischen Momentes staatsbürgerliche Reife aufzwang. Aber es gibt kein permanentes Wunder, es wäre kein Wunder, würde es nicht vorübergehen, genauer gesagt, entweichen.

Als die letzten Zelte abgebaut wurden, verließ uns die Zukunft, und die Gegenwart mit den ihr innewohnenden *Überbleibseln der Vergangenheit* nahm geschäftig den frei gewordenen Raum ein.

Heute scheint es, daß seitdem kein einziges der »Dinge von der Liste« geändert wurde. Daß wir uns also in Wirklichkeit wieder in einem hoffnungslosen Jahr 1999 der ukrainischen Geschichte befinden und uns kein drittes Jahrtausend bestimmt ist.
Ich weiß, auch das ist eine Illusion: Natürlich hat sich etwas verändert! Fieberhaft picke ich ein paar Mantras heraus – demokratische Wahlen, Medienfreiheit und so weiter. Sicher kann man bezweifeln, daß die Wahlen wirklich demokratisch waren und die Medienfreiheit wirklich Freiheit bedeutet und nicht nur die vorübergehende Folge einer immer zweifelhafteren Doppelherrschaft. Aber Mantras zeichnen sich dadurch aus, daß man sie wiederholt, ohne nachzudenken. Und zwar so oft wie möglich.
In Wirklichkeit aber kann man das, was in der Ukraine im zweiten Jahr nach der Revolution geschehen ist, nur als perfektes Remake der Vergangenheit bezeichnen. Der Kern dessen, was passierte, läßt sich beschreiben als:

Abgleiten der ukrainischen *political animals* (Regierung wie Opposition) in grenzenlose Frechheit;

absolute Verachtung für mögliche Reaktionen der Gesellschaft (leider nicht grundlos, denn Reaktionen blieben praktisch aus);

zynische Manipulation der Wähler und dann noch zynischerer Betrug an ihnen, wobei man sie als »Biomasse« oder »Population« behandelte – wie in den guten alten Zeiten.

Unter den Bedingungen einer funktionierenden Zivilgesellschaft wären die erwähnten *political animals* sofort und unausweichlich bestraft worden. Man hätte sie einfach mit Eiern beworfen und ihnen das Leben zur Hölle gemacht, so daß sie es ihrem ärgsten Feind nicht wünschten, mit der »Biomasse« solche Späße zu treiben. Statt dessen aber triumphieren sie und genießen die Macht. Die Fähigkeit, Macht in eine Quelle von Genuß zu verwandeln, zeichnet sie aus.
Die von anonymen Handlangern nächtens zerkratzten Revolutions-Graffiti am Kiewer Hauptpostamt sind der eindeutige Versuch, die Zeit zurückzudrehen und aus der kollektiven Erinnerung das gefährlich pulsierende Segment mit dem Namen »Maidan« herauszuschneiden, eine Art Lobotomie.
Noch ein, zwei Jahre, und die ganze Ukraine wird davon überzeugt sein, daß es nie einen Maidan gegeben hat. Höchstens ein paar hundert arbeitslose, alkoholisierte und von Soros und Beresowski bezahlte »Westler«, die auf dem Platz herumstanden.

In dieser Situation bleibt mir nichts anderes übrig, als weiter das zu tun, was ich bisher getan habe und nun nicht mehr lassen kann: zu versuchen, den Gang der Ereignisse mit meinen eigenen Methoden zu beeinflussen. Also Anteil nehmen, beobachten, nachdenken, das Durchdachte formulieren, an der Formulierung feilen, bis ihre Brillanz unabweisbar ist. Ohne große Hoffnung, daß diese auf Hochglanz gebrachten Formulierungen eine spürbare Reaktion auslösen werden. Mit ein bißchen Hoffnung aber doch.
Hoffnung worauf?

In den Zeiten des entwickelten Kutschmismus habe ich es so beschrieben: »Hier ist er, der Schriftsteller. Sein Publikum nimmt weiter ab, es besteht nur noch aus genau solchen Spinnern wie er. Seine Sprache umschlingt ihn immer fester, ist längst kein Verständigungsmittel mehr, sondern eine Festung, genauer gesagt ein Muschelpanzer. Seine Zukunft – diese letzte Freistatt des Graphomanen – ist durch nichts gerechtfertigt.«
Etwas weiter unten aber kam die Hoffnung doch noch zum Tragen: »Ich glaube, was ihm bleibt, ist gar nicht so wenig, nämlich das Bestreben, gut zu schreiben. In der zu Pöbel verkommenen Gesellschaft (die ich heute als »Biomasse« beschreiben würde), wo nicht Ideen, sondern Instinkte herrschen, ist die Rolle des Schriftstellers dieselbe wie zuvor. Das Besondere ist nur – er muß wissen, daß er kaum Gehör finden wird. Das enthebt ihn jedoch nicht der Verpflichtung, gut zu schreiben. Eine Verpflichtung nicht nur sich selbst gegenüber. Denn es bleibt die Hoffnung. Hoffnung, die sogar nach Tschernobyl möglich ist.«
Heute kann ich fast dasselbe wiederholen: Hoffnung, die sogar nach der Revanche möglich ist. Habe ich denn nicht selbst schon im Februar 2005, auf dem Höhepunkt der nachrevolutionären Flitterwochen, geschrieben, daß »wir sowieso wieder ganz von vorn beginnen müssen«?

Eine gute Sache – immer wieder ganz von vorn zu beginnen. Diese Mischung aus Sisyphos und Sacher-Masoch bietet sogar eine außergewöhnlich süße und fesselnde Perspektive.

Wieder hat man dich vom höchsten Gipfel deiner Illusionen gestoßen, deine Hände sind frei, wieder haßt du die Obrigkeit und redest deshalb über sie, ganz wie es dir gefällt, in dem einzigen Bestreben, ihr so stark wie möglich zu schaden. Es ist wie eine Wiedergeburt, eine neue, vom Karma vorbestimmte Inkarnation.
Außerdem bist du aus irgendeinem Grunde davon überzeugt, daß man dich diesmal besser hören und besser verstehen wird.

2007

Epilog

Im Zug Basel–Berlin, 23. 10. 2006

Von Basel nach Berlin sind es fast sieben Stunden Fahrt, und man muß die Eisenbahn lieben, um an einer so irrationalen Fortbewegung Freude zu haben. Ich liebe die Eisenbahn. Und behaupte daher nachdrücklich, daß mir dieser unlogisch im Raum gedehnte Zeitverlust gefällt. Der danach verlangt, genutzt zu werden. Man kann sich in ihm verkriechen und zur Ruhe kommen. Man kann lesen, sich in ein Buch versenken, sieben Stunden, das ist ein Roman von 200 oder 250 Seiten. Man kann fragmentarisch die Worte des Verfassers wahrnehmen, dabei aber mal ins Buch, mal zum Fenster hinaussehen und sich seine eigenen Gedanken machen.

Im Zug von Basel nach Berlin kann man über – verzeihen Sie das Wort – Europa nachdenken. Zum Beispiel in Zürich Hauptbahnhof, wo ich nach Basel umstieg (eine zusätzliche Stunde Reisen). Wir fuhren gerade ein, im Waggonkorridor drängten sich die Passagiere in Richtung Ausgang. Draußen zog der Bahnsteig immer langsamer vorbei, und auf ihm immer mehr Polizisten. Sie standen zu zweit oder zu dritt – den ganzen Bahnsteig entlang, auf dem wir einfuhren, in einer Art Kette. Ich kam nicht dazu, mich zu fragen, warum sie sich hier befanden. Dachte gar nicht daran, daß sie vielleicht einsteigen und mit dem Zug weiterfahren könnten – auf eine Art gesamtschweizerischen Polizistenkongreß, wo man ihnen persönlich Ehrenurkunden, persönliche Pistolen und persönliche Schweizer Uhren überreichen würde. Ich hatte keine Zeit, mir das vorzustellen, obwohl ich mich unterbewußt wunderte: Warum sind es so viele?

Als ich dann den Bahnsteig entlang zur Unterführung ging, sah ich es: Aus jedem Waggon stolperten ein oder zwei großgewachsene Schwarze mit riesigen Taschen, und alle wurden direkt von den am Bahnsteig aufgestellten Polizisten aufgehalten. Es handelte sich also um eine Spezialoperation. Sie, die Schwarzen, hatten alles genau geplant und sich, um keine Aufmerksamkeit zu erregen, in Zweier- oder Dreiergrüppchen über den ganzen Zug verteilt. Sie fuhren alle zusammen, was sie zu verheimlichen versuchten, wofür sie ihre Gründe haben mochten. Vielleicht waren ihre Papiere nicht in Ordnung, oder etwas anderes stimmte nicht. Fünfundzwanzig hochgewachsene Schwarze mit riesigen Taschen in einem Waggon – das ist zu auffällig. Aber wie sich zeigte, war es genauso auffällig, wenn sie jeweils zu zweit in einem Waggon fuhren. Einem aufmerksamen Passagier war es offensichtlich gelungen, die Polizei zu informieren – zum Beispiel per SMS. Vielleicht fuhr auch in jedem Waggon ein aufmerksamer Passagier. Und jeder informierte die Züricher Polizei über zwei hochgewachsene Schwarze im Waggon.

Ich hatte keine Zeit, die Situation weiter zu verfolgen. Bis zur Abfahrt meines Zuges nach Basel blieben drei Minuten, und ich mußte von Gleis acht zu Gleis fünfzehn laufen. Das weitere Schicksal jener gut zwei Dutzend von der Polizei auf dem Bahnsteig des Züricher Hauptbahnhofs aufgehaltenen Schwarzen entzieht sich meiner Kenntnis. Vielleicht war ich in dem Moment sogar heimlich froh, kein Schwarzer zu sein, sonst hätte man auch mich aufgehalten und meine Papiere überprüft. Sie sind in Ordnung, aber den Zug von Gleis fünfzehn hätte ich verpaßt. Gut, ein Weißer zu sein, nein, einfach wunderbar – in Europa ein Weißer zu sein. Ich hatte nicht einmal Zeit, mich für diese unterbewußte Freude zu schämen.

Dafür hatte ich dann im Zug von Basel nach Berlin genug Zeit, um zu begreifen, daß die Szene auf dem Züricher Hauptbahnhof vor allem von Grenzen handelte. Europa, das als die Alte Welt gilt, ist und bleibt in Wirklichkeit der jüngste aller Kontinente. Es entwickelt sich noch. Es weiß noch nicht, wo seine Grenzen sind, wo es beginnt und endet. Alle anderen Kontinente sind genau definiert – Afrika, Amerika und Australien ohnehin, aber auch Asien. Nur Europa nicht. Es ist elastisch wie der Handschuh im Märchen. Seine Grenzen sind so unklar, daß es reizt, sie immer wieder zu verletzen. Diesmal verlief eine seiner Grenzen am Gleis acht des Züricher Hauptbahnhofs.

Europa ist eine Art geographische Amöbe, die immer wieder ihre Umrisse ändert. Stellenweise ist es schon afrikanischer als Afrika. Und auch wenn es sich weigert, Türkei zu werden, wird es doch ein schlechtes Ende nehmen. Seine Grenzen sind gleichzeitig überall und nirgends. Und es wäre eine Sünde, diese »Grenzenlosigkeit« nicht zu nutzen. Wobei uns die besonders ehrenhafte Mission zukommt, Europa zu beweisen, daß es bedeutend größer ist, als es sich das selbst vorstellt. Es daran zu gewöhnen, anders von sich selbst zu denken. Sich anders zu verstehen, so, wie es wirklich ist. Und es gerade dadurch vielleicht zu retten. Oder zumindest jene zu retten, auf die schon wieder an allen möglichen Bahnsteigen die Treiber lauern.

Anmerkungen des Autors

S. 23 Przekrój *und* Szpilki
Populäre polnische Illustrierte, erstere (dt. »Schnitt«) bot Information und Unterhaltung, letztere (dt. »Nadeln«) hatte eine klar satirische Ausrichtung. Nach dem Jahr 2000 kehrte ein erneuerter *Przekrój* auf den polnischen Zeitschriftenmarkt zurück.

S. 27 *»Aktion Weichsel« und besonders der Wolhynien-Tragödie*
Als Wolhynien-Tragödie bezeichnen die Historiker des Zweiten Weltkriegs die von ukrainischen Nationalisten organisierte Vernichtung der polnischen Bevölkerung in Wolhynien 1943. Unter »Aktion Weichsel« versteht man die 1947 vom polnischen kommunistischen Regime durchgeführten massiven Repressionen (vor allem Deportationen, aber auch physische Vernichtung) gegen die ukrainische Bevölkerung im Südosten des heutigen Polens. Jede dieser Erscheinungen trägt sämtliche Merkmale einer »ethnischen Säuberung«, und beide sind leider immer noch so etwas wie das »Skelett im Schrank«.

S. 98 *co komu do tego*
Polnisch, wörtlich übersetzt: *wen geht es was an.* Lina Kostenkos Gedicht »Erinnerung« (»Zug aus Warschau«) handelt von einer dramatischen Liebe zwischen einer Ukrainerin und einem Polen und von der Unmöglichkeit gemein-

samen Glücks. Dabei werden als Refrain zwei Zeilen auf polnisch wiederholt: *co komu do tego, że my tak kochamy* (wen geht es was an, daß wir uns so lieben).

S. 101 *Jewhen Popowytsch*
(geb. 1930) ist ein bedeutender ukrainischer Germanist und Übersetzer, der unter anderem Lessing, Goethe, E.T.A. Hoffmann, Böll, Thomas Mann, Hesse, Remarque, Frisch, Martin Walser und Kafka ins Ukrainische übersetzt hat.

S. 101 *Vorwort von Satonskyj und Kommentare von Awerinzew*
Dmytro Satonskyj (geb. 1922), Mitglied der Akademie der Wissenschaften, bedeutender ukrainischer Germanist, Autor einer großen Zahl von Werken über die Geschichte der Weltliteratur.
Sergej Awerinzew (1937-2004), Mitglied der Akademie der Wissenschaften, bedeutender russischer Philologe, Übersetzer und Textforscher, Spezialist für spätantike und frühchristliche Literaturdenkmäler.

S. 104 *Tymofij Hawryliw*
(geb. 1971) ist ein ukrainischer Dichter, Prosaiker, Literaturwissenschaftler, Germanist und Übersetzer, unter anderem von Georg Trakl, Georg Heym und Thomas Bernhard.

S. 107 Faust, *in der ukrainischen Übersetzung von Mykola Lukasch*
Mykola Lukasch (1919-1988), bedeutender ukrainischer Übersetzer, Philologe und Polyglott, der Literatur aus

zwanzig Sprachen übersetzte. Darunter Höhepunkte des Weltschrifttums wie Boccaccio, Cervantes, Shakespeare, Goethe, Schiller, Flaubert, Appollinaire, Lorca. Ab 1973 durfte er als Folge der politischen Repressionen nicht mehr veröffentlichen und verbrachte die letzten fünfzehn Jahre seines Lebens in Elend und Isolation.

S. 149 *Höhle des Gelben Teufels*
Nach seiner Rückkehr von einer New-York-Reise in den zwanziger Jahren hat Maxim Gorki die Stadt in einem Feuilleton als »Stadt des Gelben Teufels« bezeichnet; mit dem gelben Teufel ist vermutlich das Geld gemeint.

S. 160 *Chwyljowyj*
Mykola Chwyljowyj, mit richtigem Namen Fitiljow (1893-1933), bedeutender ukrainischer Schriftsteller und Politiker, einer der Ideologen des ukrainischen »National-Kommunismus«; übte vom marxistischen Standpunkt aus scharfe Kritik an Stalins Moskau und prägte die Losung: »Weg von Moskau, wir brauchen das psychologische Europa!«, wofür er mehr als einmal des ukrainischen Nationalismus bezichtigt wurde. In Vorausahnung des Großen Terrors nahm er sich zum Zeichen des Protests gegen die politischen Repressionen am 13. Mai 1933 das Leben.

S. 160 *»Das kriegst du für Sewastopol!«*
In dem erschreckend populären russischen Action-Film *Bruder 2* (2001), der als eine Art Manifest des »neuen« Putinschen Rußland und dessen »neuen aggressiven Stils« gelten kann, kämpft der Held, ein junger und unglaublich attraktiver russischer Bandit, in Chicago gegen ukrainische

und afroamerikanische Banditen. In einer Szene murkst er in einer öffentlichen Toilette einen Ukrainer mit den Worten »Das kriegst du für Sewastopol!« ab. Sewastopol auf der Halbinsel Krim, Stützpunkt (bis 2017) der russischen Schwarzmeerflotte, ist eine Stadt, die nach Auffassung einer großen Mehrheit der Russen nicht zur Ukraine gehören sollte.

S. 161 *»Dabrom poschaljuista!«*
Verballhornte Form des russischen добро пожаловать!«, also »Herzlich willkommen!«

S. 165 und alle möglichen anderen Schweden
Zitat aus Wladimir Majakowskis »Gedicht vom sowjetischen Paß«, in dem sich die russischen Herablassung allen möglichen »winzigen« europäischen Nationen gegenüber ausdrückt.

S. 173 *UPA-Veteranen*
Veteranen der Ukrainischen Aufstandsarmee, bewaffneter Partisaneneinheiten, die in den Jahren des Zweiten Weltkriegs für einen unabhängigen ukrainischen Staat kämpften, und zwar gegen die Rote Armee, die Polen und Hitlerdeutschland.

S. 173 *Niemen oder Grechuta*
Czesław Niemen (1939-2004), Rocksänger und Multiinstrumentalist, einer der originellsten Vertreter der polnischen Rock-Avantgarde, vertonte häufig polnische klassische Poesie.
Marek Grechuta (1945-2006), ebenfalls eine Legende der

polnischen Jugendmusik, einer der ersten Vertreter des »gesungene Poesie« genannten Genres.

S. 174 *Krakauer Planty*
Boulevardring, der das historische Zentrum Krakaus (Stare Miasto) von den später gebauten Teilen trennt, in Analogie zum Wiener Ring.

S. 184 *unseren eigenen* WEG DER ARIER
Ironische Anspielung auf das Buch von Juri Kanygin *Der Weg der Arier: die Ukrainer in der Geistesgeschichte der Menschheit* (1995), seinerzeit ein sehr populärer pseudowissenschaftlicher Traktat, dessen Erscheinen unerwartet die Geburt einer neuen ukrainischen Identität unter den postsowjetischen, russischorientierten Bewohnern der Ukraine markierte.

Textnachweise

Aus dem ungeschriebenen Buch »Europas Grenze«
In: *Grenzverkehr. Literarische Streifzüge zwischen Ost und West.* Ein Buch von Kulturkontakt Austria, hg. von Annemarie Türk. Klagenfurt 2006

Atlas. Meditationen
In: *Sarmatische Landschaften. Nachrichten aus Litauen, Belarus, der Ukraine, Polen und Deutschland.* Hg. von Martin Pollack. Frankfurt 2006

Wie Fische im Wasser. 29 Flußlieder
In: *Oder Rhein. Grenzen im Fluß. Eine Anthologie.* Hg. von Lothar Jordan und Regina Wyrwoll. Frankfurt/Oder: Kleist-Gedenk- u. Forschungsstätte 2007

What language are you from?
Es handelt sich um Ausschnitte aus einer Vorlesung an der Universität Cambridge, die anläßlich der Jahreskonferenz der British Association for Slavonic and East European Studies (BASEES) am 7. April 2002 gehalten wurde.

Ein Versteck für Boccaccio
In: *Literaturen*, Nr. 10/2005

O Umlaut
In: *Neue Zürcher Zeitung*, 28.8.2004

Etwas weiter, als die Sprache erlaubt
In: *Neue Zürcher Zeitung*, 14. 8. 2004 u.d.T. *Befreiendes Gestikulieren*; neuerdings in Roman Bucheli (Hg.), *Wohin geht das Gedicht?* Göttingen 2006

Mit sonderbarer Liebe
Erstmals in: *Osteuropa*, 53. Jahrgang/Heft 9-10, September/Oktober 2003, übersetzt von Alois Woldan und u.d.T. *Mit einer seltsamen Liebe*

Sämtliche Texte wurden für die Buchausgabe überarbeitet und teilweise erweitert.

Inhalt

Romanze mit dem Universum

Epilog

Osteuropäische Literatur in der edition suhrkamp Eine Auswahl

Juri Andruchowytsch. Das letzte Territorium. Essays. Aus dem Ukrainischen von Alois Woldan. Nachwort übersetzt von Sofia Onufriv. es 2446. 192 Seiten

Juri Andruchowytsch/Andrzej Stasiuk. Mein Europa. Aus dem Ukrainischen von Martin Pollak und Sofia Onufriv. es 2370. 160 Seiten

Zsófia Balla. Schönes, trauriges Land. Gedichte. Ausgewählt und aus dem Ungarischen von Hans-Henning Paetzke. es 2085. 106 Seiten

Bora Ćosić
- Die Reise nach Alaska. Aus dem Serbischen von Katharina Wolf-Grießhaber. es 2493. 172 Seiten
- Die Zollerklärung. Aus dem Serbischen von Katharina Wolf-Grießhaber. es 2213. 153 Seiten

László Darvasi
- Eine Frau besorgen. Kriegsgeschichten. Aus dem Ungarischen von Heinrich Eisterer, Terézia Mora und Agnes Relle. es 2448. 184 Seiten
- Herr Stern. Novellen. Aus dem Ungarischen von Heinrich Eisterer. es 2476. 227 Seiten

Karl Dedecius. Poetik der Polen. Frankfurter Vorlesungen. es 1690. 135 Seiten

NF 349/1/2.07

Ljubko Deresch
- Die Anbetung der Eidechse oder Wie man Engel vernichtet. Aus dem Ukrainischen von Maria Weissenböck. es 2480. 200 Seiten
- Kult. Roman. Aus dem Ukrainischen von Juri Durkot und Sabine Stöhr. es 2449. 259 Seiten

Mircea Dinescu. Exil im Pfefferkorn. Gedichte. Ausgewählt, aus dem Rumänischen übersetzt und mit einem Nachwort versehen von Werner Söllner. es 1589. 115 Seiten

István Eörsi. Der rätselhafte Charme der Freiheit. Versuche über das Neinsagen. Aus dem Ungarischen von Anna Gara-Bak, Péter Máté, Gregor Mayer, Angela Plöger und Hans Skirecki. es 2271. 198 Seiten

László F. Földényi. Das Schweißtuch der Veronika. Museumsspaziergänge. Aus dem Ungarischen von Hans Skirecki. es 2220. 204 Seiten.

Zbigniew Herbert. Ein Barbar in einem Garten. Aus dem Polnischen von Walter Tiel und Klaus Staemmler. es 3310. 321 Seiten.

Bohumil Hrabal. Die Bafler. Erzählungen. Ausgewählt und aus dem Tschechischen von Franz Peter Künzel. es 180. 128 Seiten

Oleg Jurjew. Spaziergänge unter dem Hohlmond. Kleiner kaleidoskopischer Roman. Aus dem Russischen von Birgit Veit. es 2240. 134 Seiten

NF 349/2/2.07

Imre Kertész
- »Heureka!« Rede zum Nobelpreis für Literatur 2002. Aus dem Ungarischen von Kristin Schwamm. Bearbeitung Ingrid Krüger. es-Sonderdruck. 32 Seiten
- Schritt für Schritt. Drehbuch zum »Roman eines Schicksallosen«. Aus dem Ungarischen von Erich Berger. es 2292. 184 Seiten

Artur Klinaŭ. Minsk. Sonnenstadt der Träume. Aus dem Russischen von Volker Weichsel. Mit Fotografien des Autors und Abbildungen. es 2491. 175 Seiten

Hanna Krall. Schneller als der liebe Gott. Mit einem Vorwort von Willy Brandt. Aus dem Polnischen von Klaus Staemmler. es 1023. 152 Seiten

Ryszard Krynicki. Wunde der Wahrheit. Gedichte. Herausgegeben, aus dem Polnischen übertragen und mit einem Nachwort versehen von Karl Dedecius. es 1664. 136 Seiten

Endre Kukorelly. Die Rede und die Regel. Erzählungen. Aus dem Ungarischen von Hans Skirecki. es 2128. 173 Seiten

Stanisław Lem. Dialoge. Aus dem Polnischen von Jens Reuter. Mit einem Nachwort des Autors. es 1013. 319 Seiten

Ilma Rakusa
- Love after Love. Acht Abgesänge. es 2251. 58 Seiten
- Von Ketzern und Klassikern. Streifzüge durch die russische Literatur. es 2325. 236 Seiten

Mykola Rjabtschuk. Die reale und die imaginierte Ukraine. Mit einem Nachwort versehen von Wilfried Jilge. Aus dem Ukrainischen von Juri Durkot. es 2418. 175 Seiten

NF 349/3/2.07

Michail Ryklin
- Mit dem Recht des Stärkeren. Die russische Kultur in Zeiten der gelenkten Demokratie. Aus demRussi-schen von Gabriele Leupold. es 2472. 239 Seiten
- Räume des Jubels. Totalitarismus und Differenz. Essays. Aus dem Russischen von Dirk Uffelmann. es 2316. 238 Seiten

Aleš Šteger/Mitja Cander. Zu zweit nirgendwo. Neue Erzählungen aus Slowenien. Herausgegeben von Aleš Šteger und Mitja Cander in Verbindung mit dem Kulturkreis der deutschen Wirtschaft im BDI. es 2416. 283 Seiten

Werner Söllner. Kopfland, Passagen. es 1504. 121 Seiten

Andrzej Stasiuk
- Die Mauern von Hebron. Aus dem Polnischen von Olaf Kühl. es 2302. 160 Seiten
- Über den Fluß. Erzählungen. Aus dem Polnischen von Renate Schmidgall. es 2390. 189 Seiten.
- Wie ich Schriftsteller wurde. Versuch einer intellektuellen Autobiographie. Aus dem Polnischen von Olaf Kühl. es 2236. 144 Seiten

Dubravka Ugrešić
- Die Kultur der Lüge. Aus dem Serbokroatischen von Barbara Antkowiak. es 1963. 303 Seiten
- My American Fictionary. Aus dem Serbokroatischen von Barbara Antkowiak. es 1895. 224 Seiten

Tomas Venclova. Vilnius. Eine Stadt in Europa. Aus dem Litauischen von Claudia Sinnig. Mit Fotografien von Arunas Baltenas. es 2473. 242 Seiten

NF 349/4/2.07

Serghij Zhadan

- Die Geschichte der Kultur zu Anfang des Jahrhunderts. Gedichte. Aus dem Ukrainischen von Claudia Dathe. Mit einem Nachwort von Juri Andruchwytsch und Fotografien von Władysłav Getman. es 2455. 81 Seiten
- Depeche Mode. Aus dem Ukrainischen von Juri Durkot und Sabine Stöhr. es 2494. 245 Seiten

NF 349/5/2.07